Knaur

Für Jessica, Miguel und Marlon

Über den Autor:

Bodo Schäfer wanderte mit 16 Jahren in die USA aus, wo er die Highschool besuchte. Durch eigene Erfahrung angeregt, entwickelte er ein Lern-Konzept, mit dessen Hilfe finanzieller Reichtum für jeden möglich wird. Sein Buch »Weg zur finanziellen Freiheit« wurde in Deutschland zum Bestseller.

Bodo Schäfer

Money
oder
das 1×1 des Geldes

Spielerisch zu Erfolg und Wohlstand

Knaur

Besuchen Sie uns im Internet:
www.knaur.de

Vollständige Taschenbuchausgabe 2001
Droemersche Verlagsanstalt Th. Knaur Nachf., München

Umschlaggestaltung: ZERO, Werbeagentur, München
Gesamtherstellung: Clausen & Bosse, Leck
Printed in Germany
ISBN 3-426-77558-1

2 4 5 3 1

INHALT

VORWORT

Es gibt nur wenige Menschen, die nicht wohlhabender sein möchten. Einigen von uns sind diese Wünsche bewusster als den meisten. Andere geben vor, nur in gewissen Bereichen des Lebens reich sein zu wollen. Aber letztendlich wollen die meisten Menschen glücklicher sein, erfolgreicher und – sie wollen mehr Geld.

An diesem Wunsch ist nichts Unrechtes. Denn Wohlstand ist unser Geburtsrecht. Wenn wir Geld in Fülle haben, leben wir würdiger, können uns selbst und anderen einen besseren Dienst erweisen. Der Gedanke, dass wir ein (finanziell) begrenztes Leben erdulden müssen – oder dass dies gar edel sei –, ist einer der schlimmsten Irrtümer der Menschheit.

Schluss mit dem Irrtum

Und doch erleiden die meisten Menschen genau dieses Schicksal. Bei ihnen unterscheiden sich Träume und Alltag gewaltig. Und sie glauben auch noch, dass dies vollkommen normal sei. Diesem Irrtum wollte ich ein Ende setzen. Darum habe ich »Der Weg zur finanziellen Freiheit« geschrieben. Schritt für Schritt habe ich dort die Lehren meiner Coaches beschrieben, die reich machen. Das Buch ist ein Wegweiser zur ersten Million (in 7 Jahren).

Warum eine Geschichte?

»Money oder Das 1 x 1 des Geldes« ist hingegen eine Geschichte. Hier finden Sie die Lehren aus »Der Weg zur finanziellen Freiheit« angewandt. Die Geschichte zeigt die

Herausforderungen, denen wir bei der Umsetzung begegnen. Und sie zeigt die fast unglaublichen Dinge, die daraus resultieren. Money ist ein sprechender Hund, der einem elfjährigen Mädchen den Umgang mit Geld beibringt. Nicht nur lernt sie selber mit Geld umzugehen, sondern sie kann auch dazu beitragen, ihre Eltern aus deren finanzieller Misere zu befreien.

Ich wollte ein Buch schreiben, das unser Herz berührt und damit unsere Herzen öffnet für die vielen Reichtümer, die das Leben für uns bereithält – wovon Geld einer ist.

Was kann Ihnen die Lektüre dieser Geschichte bringen? Wenn Ihnen »Der Weg zur finanziellen Freiheit« bereits bekannt ist, wird diese Geschichte Ihr Verständnis vertiefen. Sie werden wahrscheinlich auch neue Vorsätze fassen (und alte erneuern). Wichtiger noch, Sie werden neue Einsichten und Sichtweisen erhalten, um die Herausforderungen Ihres Lebens auf kreative, andere Weise erfolgreich zu nutzen.

Wenn Sie »Der Weg zur finanziellen Freiheit« nicht gelesen haben, so wird diese Geschichte Ihren Glauben an Ihre Möglichkeiten erneuern. Die Erlebnisse der Personen in dieser Erzählung werden Sie inspirieren und bewegen. Mit Begeisterung werden Sie wieder verstärkt Ihre Freiheit, Ihr Potenzial und Ihre Kraft wahrnehmen.

Geschichten sind nicht ohne Problematik

Allerdings muss ich ein Geständnis machen. Ich habe nicht immer an den großen Wert solcher Geschichten geglaubt. So hatte ich die Sorge, dass Menschen versuchen Erfolgsgeschichten nachzuleben anstatt die Prinzipien zu erkennen, die sich dahinter verbergen. Erfolgsgeschichten sind selten adaptabel. Verinnerlichte Prinzipien aber ermöglichen es uns, in schwierigen Situationen die besten Wege zu finden. Genauso, wie mir die Tendenz Sorge macht, den Autor selbst zu bewundern (und nachzuahmen) anstatt die meist uralten Wahrheiten des Buches zu den eigenen zu machen. Persönliche Erlebnisse sind nicht übertragbar. Fundamentale Wahrheiten aber sehr wohl.

Auch hatte ich Sorge, dass durch die Form der Erzählung mangelnde Tiefe unterstellt werden könnte. Nun schreibe ich meine Bücher aber nicht für Finanzexperten, denen ich den x-ten Geheimtipp gebe. Sondern ich möchte meine Leser dort abholen, wo sie sind: Einige sind voller Ängste im Hinblick auf das Thema und trauen sich den Aufbau von Wohlstand einfach nicht zu, andere sind zu »beschäftigt« und schieben es vor sich her, sich um ihr Geld zu kümmern, wieder andere empfinden eine mehr oder minder stark ausgeprägte Abneigung bei dem Thema Finanzen, und schließlich gibt es jene, die einfach eine Erinnerung brauchen, einen Anstoß.

Außerdem führen die vielen komplizierten Modelle oftmals in die Irre. In unserer hoch technologischen Zeit scheint nur schwer Verständliches den Anspruch auf den richtigen Weg zu erfüllen. Wir neigen dazu, die einfachen, fundamentalen Wahrheiten links liegen zu lassen. Nach dem Motto: »So einfach kann es doch nicht sein«. *Aber es ist tatsächlich »so einfach«*. So wie in diesem Buch beschrieben. Aber ich möchte Sie auf einen wichtigen Unterschied hinweisen: Es ist nicht leicht die Dinge auch zu tun. Die Gesetze des Reichtums sind einfach zu verstehen, aber nicht leicht umzusetzen. Dafür brauchen wir oftmals Hilfen. Und auch diese Hilfen beschreibt dieses Buch.

Dieses Buch, unter dem ursprünglichen Titel »Ein Hund namens Money«, habe ich eigentlich für Kinder geschrieben. (Es ist auch nach wie vor in der Version des Kinderbuches erhältlich.) Hier schien mir die Form der Erzählung als die richtige. Auf diese Weise wollte ich Kinder spielerisch zu Geld und Erfolg führen. Themen, die in vielen Familien gemieden werden.

Ich hatte mich geirrt...

Aber dann habe ich einige Hundert Briefe bekommen – von Erwachsenen. Die Botschaften waren immer ähnlich: »Diese Geschichte hat mich noch mehr zum Handeln angeregt, weil sie meine Emotionen angesprochen hat.« »Ich war sehr gerührt.« »Zum ersten Mal habe ich Zugang zum Thema Geld bekommen.« »Endlich verstehe ich, wie ich wirklich wohlhabend werden kann.«

Diese Feed-backs haben mir gezeigt, dass ich falsch lag mit meiner Einschätzung. Ich weiß heute, dass nicht nur ein Bild tausend Worte wert ist. Sondern dass ein Bild, das durch eine Geschichte das Herz eines Menschen erreicht, mehr als zehntausend Worte wert ist. Dieses Buch ist darum für Kinder *und* Erwachsene.

Geschichten ermöglichen Abstand

Die Geschichte eines kleinen Mädchens zu lesen ist für uns als Erwachsene sehr angenehm. Denn es ermöglicht uns – bei aller Nähe – einen angenehmen Abstand. Es handelt sich ja um eine Kindergeschichte mit Kinderproblemen, aus denen wir längst herausgewachsen sind. Die

Sorgen der Kira treffen uns nicht so sehr wie unsere eigenen. Das hat etwas Beruhigendes. Es ist nicht so ernst. Und wir erkennen, dass wir viele Herausforderungen bereits gemeistert haben.

Was, wenn wir daraus eine Lehre zögen? Wenn wir unser Leben auch – zumindest kurzfristig – wie eine Geschichte sehen. Wenn wir uns vorstellen, wir seien schon sehr reich und schauten zurück auf unsere »finanzielle Kindheit«. Und wir erlebten unsere jetzige Situation mit dem Abstand zu einer Geschichte. Eine Geschichte mit den typischen Problemen, aus denen wir längst herausgewachsen sind. Vielleicht gelingt es uns dann, über uns selbst zu lächeln. Und wir nehmen uns und unsere Probleme nicht mehr so ernst. Und wir sehen, dass wir in einer Situation keineswegs gefangen sind. Dabei kann eine Geschichte uns helfen.

Orientierung ist heute wichtiger denn je

Aber es ist mehr als eine einfache Geschichte. Vielmehr handelt es sich um die Gesetzmäßigkeiten für Erfolg und Reichtum, die in »Der Weg zur finanziellen Freiheit« beschrieben sind. Diese Gesetzmäßigkeiten sind universelle und zeitlose Axiome des Erfolgs.

Mit universell meine ich, dass sie überall Gültigkeit haben: in jeder Gesellschaft und Kultur und dort in jeder Situation. Mit zeitlos meine ich, dass sie sich nie verändern. Dies ist umso bedeutender, da wir in einer Zeit leben, in der sich in immer rascherem Tempo immer mehr Veränderungen vollziehen. Alles wird komplexer, turbulenter, ein verbessertes neues Produkt jagt das andere. In einer solchen Zeit tut die Orientierung Not, die solche ewigen Gesetzmäßigkeiten bieten können. Unter Axiome verstehe ich, dass man über diese Gesetzmäßigkeiten kaum diskutieren kann.

Die Prinzipien sind uralt

Sollte dies anmaßend klingen, so lassen Sie mich dazu zwei Anmerkungen machen: Erstens sind diese Gesetzmäßigkeiten nicht von mir erfunden worden. Sie sind wie die Naturgesetze, die immer schon da waren. Sie regieren unser Leben, ob wir es wollen oder nicht. Selbst wenn wir sie ablehnen, verlieren sie nicht ihre Gültigkeit. Ich habe diejenigen für Reichtum und Erfolg lediglich in meine Sprache umgesetzt und strukturiert.

Zweitens glaube ich, dass alle wirklich erfolgreichen Menschen nach diesen Gesetzmäßigkeiten leben. Ich werde oft von Journalisten und Moderatoren nach Beweisen für die Gültigkeit dieser Gesetze gefragt. Ich habe dann immer wieder zahlreiche Beispiele von Personen genannt, die meine Bücher gelesen haben und meine Seminare besucht haben. Aber ich glaube, die besten Beispiele und Beweise werden Sie finden, wenn ich Folgendes vorschlage: Denken Sie an irgendeinen erfolgreichen Menschen, eine Gruppe von Menschen oder eine Organisation oder Firma. Suchen Sie deren Nähe, analysieren Sie den Weg, den sie gegangen sind, und dann finden Sie die gewünschten Beispiele und Beweise.

Ob diese von Ihnen analysierten Menschen nun die Gesetzmäßigkeiten für Reichtum namentlich kennen, ist dabei nicht entscheidend. Manchen mag auch die Sprache nicht gefallen, die ich verwende – das ist legitim und völlig in Ordnung. Kritik mag aufkommen. Und auch das hat seine Richtigkeit. Denn wer schriftstellerisch tätig ist, stellt sich damit der Kritik. Vielleicht finden einige auch keinen Zugang zu der Geschichte in diesem Buch. Möglicherweise fällt ihnen sogar zu der gleichen Gesetzmäßigkeit ein ganz anders Beispiel ein. Oder sie nehmen eine andere Gewichtung vor. – All das ist gut so und Beispiel unserer unterschiedlichen Entwicklung und Persönlichkeit. Aber dennoch ist ihr Leben immer der Beweis für die universelle, zeitlose Gültigkeit der Gesetzmäßigkeiten.

Nützliches und notwendiges Wissen

Dieses Buch begleitet Sie auf Ihrem Weg zu Wohlstand und Erfolg. Aber es ist keines der vielen Geldbücher, die mit allerlei Information wie der Historie des Geldes beginnen. Solches Wissen mag zwar nützlich sein, aber es wird uns nicht weiterbringen auf dem Weg zu Wohlstand und Lebensglück. Ich habe mich auf das notwendige Wissen beschränkt. Auf die einzelnen Schritte zum Wohlstand, die ich selber erfahren habe und die ich selber gegangen bin.

Die Gefahr, die im Einfachen liegt

So wie verkomplizierte Darstellungen die Gefahr bergen, vom Wesentlichen abzulenken, so liegt auch eine Gefahr in der Beschreibung von fundamentalen Wahrheiten. Oftmals neigen wir allzu schnell dazu festzustellen: »Das kenne ich schon.« Das Wiedererkennen einzelner Stichwörter reicht dazu oft schon aus. Dieses Denken ist vielfach eine Falle. Denn in dem Moment, in dem wir etwas als bereits bekannt entlarven, hören wir möglicherweise auf zu lernen. Wir sind dann nicht mehr offen für die wirkliche Botschaft, weil wir sie schon zu kennen glauben.

Außerdem geht es nicht nur darum, etwas Neues zu lernen, sondern das Gelernte auch tatsächlich umzusetzen.

Die Gesetzmäßigkeiten des Reichtums

Kira, die in meiner Geschichte den Umgang mit Geld lernt, erfährt nach und nach die einzelnen Gesetzmäßigkeiten des Reichtums. Im Folgenden möchte ich die wichtigsten auflisten. Es handelt sich um den roten Faden des »1 x 1 des Geldes«. Wenn Sie die Gesetze dann in der Erzählung wiederfinden, verstärkt sich ihre Einprägsamkeit und die Motivation zu handeln.

1. Wir müssen damit beginnen zu bestimmen, was Geld eigentlich für Sie bedeutet.
2. Festlegung der wichtigsten Ziele. Warum wir einige Ziele aus unserem »großen Wunschkatalog« herausnehmen müssen.
3. Warum Traumdose und Traumalbum wichtig sind. Wie unser Unterbewusstsein uns unterstützt – und welche Voraussetzungen wir dafür erfüllen müssen.
4. Warum ein höheres Einkommen alleine niemals die Lösung für unsere Geldprobleme sein kann.
5. Wie wir erreichen können, dass wir uns nicht von unseren Vorsätzen abbringen lassen. Die Kunst des Visualisierens.
6. Es wird nicht immer leicht sein. Einige Menschen werden uns abhalten wollen unsere Ziele zu erreichen. Oftmals sogar Freunde und Familienangehörige. Aber es gibt einfache Mittel und Wege, sich nicht irre machen zu lassen.
7. Warum das Erfolgs-Journal dazu führt, dass wir regelmäßig mehr verdienen. Immer mehr und mehr. Und

warum unser Selbstbewusstsein den entscheidenden Unterschied ausmacht.

8. Wie man sein liebstes Hobby zu seinem Beruf macht und dadurch seinen Verdienst noch einmal erheblich verbessert.
9. Der Unterschied zwischen wichtig und dringend. Wie man sich nicht von seinen guten Vorsätzen abbringen lässt – in guten wie in schlechten Zeiten.
10. Die wichtigste Regel für jede Form von Umsetzung: die 72-Stunden-Regel.
11. Wie wir viel Geld verdienen – auf spielerische Weise.
12. Die vier wichtigsten Regeln für den Abbau von Schulden.
13. Die Geschichte von der Gans, die goldene Eier legt – oder wie man von seinem Geld lebt.
14. Wie der sinnvolle Umgang mit der Bank zur Freude wird.
15. Die wahre Natur von Glück und wie wir erreichen können mehr Glück zu haben.
16. Ist es okay Geld zu mögen? Der Trick mit dem Bargeld im Safe.
17. Was es bedeutet, dass Geld »neutral« ist. Der Zusammenhang zwischen Geld und glücklich sein.
18. Die Wichtigkeit, etwas von dem zurückzugeben, das wir bekommen haben.
19. Wie wir am besten mit unserer Angst umgehen. Und welche Rolle dabei das Erfolgs-Journal spielen kann.
20. Einer der effektivsten Wege, um unser Geld zu vermehren: der Investmentclub. Die fünf Regeln, die seinen Erfolg garantieren.

21. Die Zauberformel, wie wir Geld aus dem Nichts schaffen können.
22. Die drei wichtigsten Regeln für jede Geldanlage.
23. Was sind eigentlich Aktien und wie funktionieren sie wirklich? Wie ergeben sich die Gewinne (Kursgewinne und Dividenden)? Ist eine Anlage in Aktien für Sie das Richtige? Sie werden es schnell für sich entscheiden können.
24. Warum es wichtig sein kann, dass wir von Zeit zu Zeit unsere Komfortzone verlassen und etwas tun, wovor wir Angst haben.
25. Wie Sie über 12% Zinsen pro Jahr erzielen. Die fast optimale Anlageform und die optimale Anlagestrategie.
26. Warum Aktienfonds so sicher sind und sehr gute Gewinne bringen. Die drei Kriterien, nach denen Sie einen sicheren Fonds auswählen sollten.
27. Wie leicht es ist, in Fonds zu investieren.
28. Was auf diese Weise aus Ihrem Geld werden kann. Die Kraft des Zinseszins.
29. Volatilität: Wie Sie Risiko und Gewinn gegeneinander abwägen.
30. Wie Sie ganz leicht Zinsen und Zinseszins im Kopf ausrechnen können.
31. Was sollten Sie tun, wenn die Kurse einmal fallen? Wie Sie aus solchen Situationen großen Gewinn schlagen.
32. Was Sie wissen müssen, um mit Fonds zuverlässig hohe Gewinne zu machen.
33. Was Inflation wirklich bedeutet und wie Sie deren Auswirkung auf Ihr Geld leicht im Kopf berechnen

können. Und wie Inflation zu Ihrem besten Freund wird – wenn Sie die richtige Anlage wählen.
34. Wie Geld sich auch auf die anderen Bereiche unseres Lebens auswirkt. Wohin alles führen kann, wenn wir uns mehr mit dem Thema Geld beschäftigen.

Überraschungen sind wahrscheinlich

Schon eine einzige Idee kann genügen, um den Weg zu Wohlstand einzuschlagen. Ich möchte Sie aber an dieser Stelle auf eine erstaunliche Tatsache aufmerksam machen, gewissermaßen als »Vorwarnung«: Beginnt das »große Geld« erst einmal zu fließen, dann kommt es unter Umständen so schnell und in solchen Mengen, dass man sich verwundert fragt, wo es sich bloß die ganze Zeit versteckt gehalten hat.

Dieses Phänomen ist umso erstaunlicher, als es die weit verbreitete Irrmeinung völlig widerlegt, man könne nur durch lange Jahre harter Arbeit zu Wohlstand gelangen. Reichtum und Wohlstand sind vielmehr das Produkt einer bestimmten Geisteshaltung, bestimmter wohlstandsorientierter Glaubenssätze. Wenn diese Voraussetzungen erst einmal geschaffen sind, dann geht es viel leichter, als die meisten Menschen denken. Darum hat dieses Buch den Untertitel erhalten: »Spielerisch zu Wohlstand und Erfolg«.

Ignoranz ist Kapitulation

Die meisten Menschen kümmern sich nicht ausreichend um ihre Finanzen. Sie gleichen in dieser Hinsicht einem dreijährigen Kind, das sich die Augen zuhält und meint, es sei nun nicht mehr zu sehen. Die Finanzen bleiben –

und wenn wir uns nicht um sie kümmern, werden sie zu einer negativen Macht, die uns viel Lebensqualität raubt. Wer seinen Finanzen den Rücken zudreht, dreht der Person den Rücken zu, die er sein könnte. Natürlich erfordert es Mut, nach dem Leben zu fragen, das wir wirklich führen wollen. Aber finanzielle Freiheit ist heute für jeden möglich geworden. Seneca meinte dazu: »Nicht weil es schwer ist, fangen wir es nicht an, sondern weil wir es nicht anfangen, ist es so schwer.«

Nichts kann Sie aufhalten

Wer diese Gesetzmäßigkeiten, das 1x1 des Geldes, erst einmal verinnerlicht hat, wird feststellen, dass sich seine finanzielle Situation zunehmend verbessert. Nichts kann eine Idee aufhalten, deren Zeit gekommen ist. Das Gleiche gilt für das Leben jedes Menschen. Nichts kann Sie aufhalten Ihr Geburtsrecht in Anspruch zu nehmen: Wohlstand. Es ist unsere natürliche Bestimmung, in Würde und finanzieller Freiheit zu leben. Nichts kann Sie jetzt davon abhalten, wenn Sie es nicht zulassen. Warum? Weil die Zeit dafür gekommen ist. Jetzt.

Unser Leben ist ein Reise. Wenn wir das Thema Geld meistern, dann kann uns diese Reise Möglichkeiten eröffnen und uns in Richtungen führen, die wir uns niemals vorgestellt haben.

Kira ist das beste Beispiel dafür. Erst kannte sie ihre Träume kaum, dann hat sie nicht an ihre Erfüllung geglaubt. Natürlich gab es auch ein paar Schwierigkeiten. Aber als sie – viel schneller, als sie es für möglich gehalten hätte – ihre Ziele erreicht hat, da kam das Gefühl auf, dass es gar nicht anders hätte kommen können. Es war unvermeidlich. Und schließlich hat sie Dinge erlebt, die weit über ihre Träume hinausgingen.

Das ist auch mein Wunsch an Sie: Mögen Sie Ihre Träume aufgreifen und ausleben. Und mögen Sie auf der Reise Ihres Lebens Entdeckungen machen, die sogar noch Ihre Träume übertreffen.

Und nun ist es Zeit, mit der Geschichte zu beginnen. Mit der von einem Hund namens Money, dem 1x1 des Geldes, Kira und…

Herzlichst
Ihr

Bodo Schäfer

Der weisse Labrador

Seit einer endlos langen Zeit schon hatte ich mir einen Hund gewünscht. Aber wir wohnten in einer Mietwohnung und unser Vermieter hatte Hunde einfach verboten. Mein Vater hatte versucht mit dem Vermieter zu reden, aber es war zwecklos. Es gibt ja diese Menschen, mit denen man einfach nicht reden kann. Er behauptete, die anderen Mieter würden einen Hund im Haus nicht mögen. Das war völliger Unsinn. Ich kannte eine Familie auf der zweiten und eine auf der dritten Etage, die auch gerne einen Hund gehabt hätten. In Wirklichkeit mochte der Vermieter selber keine Hunde.

Mein Vater sagte einmal: »Es geht dem gar nicht um den Hund, der mag sich selbst nicht und gönnt anderen darum auch kein Glück.« Ich hatte mir den Vermieter daraufhin einmal sehr genau betrachtet. Er sah wirklich gemein und unzufrieden aus. Nachdem meine Mutter ihn auch noch auf den Hund angesprochen hatte, hat er uns sogar eine Kündigungsandrohung per Einschreiben geschickt.

Ich denke heute noch, dass kein Mensch das Recht haben sollte, einem anderen einen Hund zu verbieten. Und dass es Sinn macht ein Haus zu kaufen, schon wegen der Tiere, die man dann halten könnte.

Einige Zeit später haben meine Eltern tatsächlich ein Haus mit einem Garten gekauft. Ich bekam mein eigenes Zimmer und fühlte mich im siebten Himmel. Aber meine Eltern sahen nicht so glücklich aus. Alles war wohl teurer geworden als geplant. Und ich hatte natürlich mitbekommen, dass Geld nun sehr knapp war. Deshalb hatte ich beschlossen, einige Wochen lang meine Wünsche für mich zu behalten. Aber ich wünschte mir nichts sehnlicher als einen Hund.

Eines Morgens weckte mich meine Mutter aufgeregt: »Kira, stehe schnell auf, unten vor dem Haus liegt ein verletzter Hund und schläft.« Ich sprang aus dem Bett und stürzte nach unten. Und tatsächlich, in der Ecke zwischen Haus und Garage lag ein weißer Hund. Er schlief tief und unruhig.

Auf seinem Rücken, über seinen Hinterläufen hatte er eine etwa sechs Zentimeter lange Wunde, die ganz schön geblutet hatte. Es sah ganz so aus, als wenn ihn ein anderer Hund so zugerichtet hätte. Er musste sich hierher geschleppt haben und war dann völlig entkräftet eingeschlafen. Mir wurde ganz warm ums Herz: »Welcher Fiesling würde einen so schönen Hund so beißen«, fragte ich mich. Plötzlich wachte er auf. Er schaute mich mit großen Augen an. Dann machte er einige Schritte auf mich zu. Aber er war zu zittrig und zu schwach. Die Pfoten rutschten ihm auf dem glatten Stein weg und er plumpste auf seinen Bauch. Sofort schloss ich ihn in mein Herz.

Wir trugen ihn vorsichtig ins Auto und brachten ihn zu einem Tierarzt. Die große Wunde wurde genäht und der Hund bekam einige Spritzen. Entspannt schlief er ein. Der Arzt erklärte uns, dass es sich tatsächlich um eine Bisswunde handele, die aber bald heilen würde. Auch klärte er uns über den weißen Hund auf. Er erklärte uns, dass es sich um einen Labrador handelte. Eine außergewöhnlich gutmütige und intelligente Rasse. Auch sehr lieb zu Kindern. Labradors seien aufgrund ihres Charakters die besten Blindenhunde. Während der Arzt so redete, streichelte ich den weißen Hund. Wie weich sein Fell war. Wie süß er war.

Er bekam gar nicht mit, dass wir ihn wieder nach Hause fuhren. Wir legten ihn vorsichtig auf eine Decke in die Küche. Ich musste ihn die ganze Zeit anschauen. »Hoffentlich wird er wieder gesund«, dachte ich.

Aber meine Sorgen waren unberechtigt. Der weiße Hund erholte sich sehr schnell. Dann aber sah ich ein ernstes Problem auftauchen: Wir wussten ja nicht, wo der Hund herkam und wem er gehörte. Konnten wir ihn einfach behalten? Auf einmal war ich vor Angst wie gelähmt. Was, wenn meine Eltern den Hund nicht haben wollten? Schließlich hatten wir nicht viel Geld.

Natürlich mussten wir nach dem Besitzer Ausschau halten. Heimlich hoffte ich aber, dass er sich nicht finden lassen würde. Zunächst gab mein Vater eine Anzeige auf. Auch die Tierheime in der Nähe rief er an. Aber niemand hatte von dem weißen Labrador gehört. Und mit jedem Tag, den er bei uns verbrachte, schlossen auch meine Eltern ihn mehr in ihr Herz. Irgendwie gehörte er bald einfach zu uns.

Der Labrador war inzwischen völlig genesen. Eines Tages spielte ich mit ihm bis zur Erschöpfung. Dann setzte ich mich an den Frühstückstisch. Es ging mal wieder ums Geld. Und da hörte ich am liebsten gar nicht hin. Denn erstens verstand ich davon nichts und zweitens sah keiner sehr glücklich aus, wenn es um dieses Thema ging.

In einer Redepause brachte ich das Gespräch auf etwas viel Wichtigeres. Ich fragte: »Wie heißt der Hund eigentlich?« Uns allen wurde plötzlich bewusst, dass wir seinen Namen nicht kannten.

Das war meiner Meinung nach ein schlimmer Zustand. Ein Hund braucht doch einen Namen. Ich starrte auf den weißen Wonneknäuel, der drei Meter von mir fest auf seiner Decke schlief. Mir fiel aber kein passender Name ein. Ich grübelte...

Währenddessen diskutierten meine Eltern weiter über Geld. Plötzlich seufzte mein Vater laut: »Money, Money, Money, ... alles dreht sich ums Geld!« Mit einem Ruck sprang der Labrador mitten aus seinem Schlaf auf und tapste auf meinen Vater zu. »Money!«, rief ich, »er hört auf Money.« Sofort lief der Hund zu mir.

»Er sollte Money heißen, denn er hat sich den Namen selber ausgesucht«, fand ich. Meine Mutter war gar nicht begeistert: »Money ist das englische Wort für Geld. Man kann einen Hund doch nicht ernsthaft ›Geld‹ nennen.« Mein Vater fand es dagegen ganz lustig: »Das ist doch gar nicht schlecht. Wir rufen ›Geld‹ und Geld kommt angelaufen. Dann sind wir alle unsere Sorgen los.« Er hatte damals natürlich noch keine Ahnung, wie nahe er bei der Wahrheit war... So kam es, dass der Labrador den Namen »Money« bekam.

Nach sechs Wochen wussten wir immer noch nicht, wo Money herkam. Aber ich wollte es auch gar nicht wissen. Denn vielleicht müssten wir Money ja abgeben, wenn wir den Besitzer finden würden. Und ich wollte doch, dass Money immer bei uns bleibt. Auch meine Eltern hatten sich sehr an ihn gewöhnt. So kam es, dass Money bei uns blieb. Aber eine ungewisse Angst blieb doch in mir, dass der Besitzer eines Tages vor der Tür stehen könnte und mir Money wegnehmen könnte... Ich glaube, ich muss nicht extra erwähnen, dass Money und ich die besten Freunde wurden.

Money war schon ein halbes Jahr bei uns, als es passierte. Er war wirklich ein unglaublich lieber, geduldiger und kluger Hund. Er hatte die intelligentesten Augen, die ich je gesehen habe. Und manchmal war ich mir sicher, dass er verstehen konnte, was ich sagte.

Alle Labradors schwimmen gerne. Aber ich glaube, keiner ist je so viel im Wasser gewesen wie Money. Keinen Bach und keinen See konnte er auslassen. Ich wollte gerne sehen, wie ihm ein richtiges Meer gefallen würde, mit großem Sandstrand und Wellen. Meine Eltern sagten aber, dass da im Moment gar nicht dran zu denken wäre, weil das Geschäft meines Vaters nicht so gut lief.

Sonntags gingen wir oft am Ufer des großen Flusses spazieren, der durch unsere Stadt läuft. Der sah wenigstens ein bisschen wie ein Meer aus. Besonders unter der Brücke ist der Fluss sehr reißend und gefährlich.

Ich weiß nicht, was an diesem Sonntag in Money gefahren war. Den ganzen Morgen über war er ausgelassen gewesen. Als wir spazieren gingen, lief er mir plötzlich weg. Wir riefen nach ihm und suchten ihn verzweifelt. Plötzlich sahen wir ihn im Fluss treiben. Ich habe bis heute keine Ahnung, wie er in den Fluss gekommen ist, denn er wusste, dass er an dieser Stelle nicht ins Wasser durfte. Die Strömung war zu stark und er trieb auf die Brücke zu. Zwischen zwei Pfeilern hatte man ein Netz gespannt und genau darin verfing sich Money. Die Wellen rollten über seinen Kopf hinweg. Er bekam immer weniger Luft. Sein Kopf blieb immer länger unter Wasser.

Ich musste Money irgendwie retten. Ich konnte einfach nicht zusehen, wie er ertrank. Da sind bei mir alle Sicherungen durchgebrannt und ich bin ins Wasser gesprungen. Da war keine Zeit für vernünftige Überlegungen. Ich musste zu Money. Es ging alles sehr schnell. Ich wurde sofort unter die Wasseroberfläche gedrückt. Ich schluckte Wasser, bekam Panik. Überall war schmutziges, kaltes Wasser und ich wusste nicht mehr, wo oben und unten war. Und dann wurde es schwarz um mich. Ich habe keine Erinnerung mehr an das, was dann geschah.

Meine Eltern erzählten mir später, dass ich in das gleiche Netz getragen wurde, in dem sich Money verfangen hatte. Zum Glück war ein Boot der Wasserpolizei in der Nähe. Ich muss meine Arme um Money geschlungen haben, bevor ich das Bewusstsein verlor. Jedenfalls hat die Besatzung des Bootes mich und Money fast gleichzeitig aus dem Wasser gezogen.

Irgendwie haben sie mich ins Leben zurückgeholt. Zum Glück brauchte ich nur einige Stunden im Krankenhaus zu bleiben. Ich war aber einige Tage noch sehr schwach und musste im Bett liegen.

Money hatte sich viel schneller erholt und ging nicht von meinem Bett weg. Er saß stundenlang vor mir und schaute mich an. Ich konnte in seinen Augen sehen, dass er alles verstanden hatte.

Viele Menschen wissen das nicht, aber Hunde können einen sehr dankbar anschauen. Und Money schaute mich stundenlang sehr lieb und dankbar an. Natürlich hatte ich noch keine Ahnung, was später alles geschehen sollte...

Ich war inzwischen zwölf Jahre alt. Nichts hatte sich verändert. Am Meer waren wir immer noch nicht gewesen. Meine Eltern hatten immer noch unter der »Rezession« zu leiden, wie sie es nannten. Damit meinten sie, dass die wirtschaftliche Situation insgesamt verantwortlich für unsere Geldprobleme war. Meine Frage, warum es den Eltern meiner Freundin Monika immer besser ging, obwohl die insgesamte wirtschaftliche Situation unseres Landes ja auch für sie galt, wurde ärgerlich überhört. Und mein Vater hatte immer noch viele Monate, in denen der Umsatz nicht stimmte. Die Stimmung war oft sehr bedrückend. Meine Mutter äußerte von Zeit zu Zeit, dass wir das Haus vielleicht besser nicht gekauft hätten. Ich fand diese Gedanken eine reine Zeitverschwendung, denn schließlich kann man die Vergangenheit ja nicht mehr ändern. Außerdem hätte ich ja dann Money nicht behalten können, also war es gut so.

Eines Tages geschah das Unheimliche. Ich hatte beschlossen, mir per Telefon die neueste CD meiner Lieblingsgruppe zu bestellen. Ich hatte gerade im Fernsehen eine Werbung mit Telefonnummer gesehen.

Ich setzte mich also ans Telefon und begann die Nummer zu wählen. Auf einmal hörte ich eine Stimme: »Kira, du solltest zunächst einmal nachdenken, ob du dir diese CD wirklich leisten kannst!«

Erschrocken blickte ich im Raum umher. Die Türen waren geschlossen und ich war alleine im Zimmer. Das heißt, es war kein Mensch im Raum – nur Money war natürlich bei mir. Vielleicht hatte ich mir die Stimme ja eingebildet... Nach einer Weile nahm ich den Telefonhörer wieder auf, den ich vor Schreck aufgelegt hatte. Ich fing wieder an zu wählen. Plötzlich war die Stimme wieder da: »Kira, wenn du die CD kaufst, dann hast du fast dein ganzes Taschengeld für diesen Monat ausgegeben.«

Money stand vor mir und hielt den Kopf leicht schief. Die Stimme schien von ihm zu kommen. Das konnte nicht sein. Mir wurde heiß und kalt zugleich. »Hunde können doch nicht sprechen. Selbst so intelligente Hunde wie Money nicht«, dachte ich.

»Vor langer Zeit konnten alle Hunde ein wenig sprechen – aber auf eine ganz andere Art als ihr Menschen. Aber dann hat sich diese Fähigkeit zurückgebildet.« Money schaute mich an. »Ich habe diese Möglichkeit jedoch.«

Ich hatte im Fernsehen schon einmal ein Kamel gesehen, das sprechen konnte. »Aber das war ein Film«, überlegte ich. »Und wir sind nicht im Film. Dies ist die Wirklichkeit.« Und dann durchzuckte mich die Erkenntnis: »Vielleicht träume ich ja.« Schnell kniff ich mich in den Arm. Aua, tat das weh – ich träumte also nicht.

Money blickte mich die ganze Zeit über an. Dann hörte ich die Stimme wieder: »Können wir uns jetzt vernünftig unterhalten oder willst du dich noch ein Weilchen kneifen und wundern?«

Ich kann es nicht erklären, aber auf einmal schien es mir völlig normal und richtig, dass ich Money reden hören konnte. Es war so, als wenn wir schon jahrelang miteinander geredet hätten. Nur eines fand ich komisch: Money bewegte die Schnauze gar nicht, wenn er redete.

»Wir Hunde konnten uns viel fortschrittlicher unterhalten als ihr Menschen. Wenn wir etwas mitteilen wollten, dann sandten wir einen Gedanken direkt in das Gehirn des anderen«, meinte Money. »Darum weiß ich auch, was du denkst.«

Jetzt war ich aber richtig erschrocken. »Du meinst, du hast alle meine Gedanken gelesen?«, fragte ich ihn. Schnell überlegte ich, was ich alles gedacht hatte...

Aber Money unterbrach meine Gedanken: »Natürlich weiß ich, was du denkst. Wenn zwei Lebewesen sich nahe stehen, dann können sie immer bis zu einem gewissen Grad die Gedanken des anderen lesen. Und darum weiß ich auch, dass es dich sehr traurig macht, dass deine Eltern so viele finanzielle Probleme haben. Und ich sehe auch, dass du beginnst dieselben Fehler zu machen. Denn ob ein Mensch einmal gut mit seinem Geld zurechtkommt, entscheidet sich schon sehr früh. Normalerweise sollte ich nicht mit dir reden. Wenn das die Wissenschaftler herausbekommen, dann sperren sie mich in einen Käfig und machen die verschiedensten Experimente mit mir. Darum habe ich niemandem von meinen Fähigkeiten erzählt. Aber weil du mir das Leben gerettet hast und dabei dein eigenes Leben riskiert hast, will ich eine Ausnahme machen. Es muss aber unser Geheimnis bleiben. Niemand darf je davon erfahren.«

Ich wollte Money eine Vielzahl von Fragen stellen. Ich wollte wissen, wo er herkam, wie sein vorheriger Besitzer aussah, wer ihn verletzt hatte ... aber er unterbrach mich: »Dass wir uns unterhalten können, ist ein großes Geschenk. Du wirst das später alles viel besser verstehen. Wir sollten jetzt aber keine Zeit verschwenden mit vielen Fragen. Ich schlage vor, mit dir nur über ein Thema zu sprechen: Geld. Denn ich will so wenig Risiko wie möglich eingehen.«

»Da gibt es aber einige Themen, die mich wesentlich mehr interessieren«, dachte ich. Außerdem sagte meine Mutter oft, dass Geld nicht das Wichtigste im Leben sei.

»Ich denke auch nicht, dass Geld das Wichtigste im Leben ist. Aber Geld wird unglaublich wichtig, wenn es an allen Ecken und Kanten fehlt. Denke daran, wie wir damals beide im Fluss am Ertrinken waren. Wir mussten aus dem Fluss heraus. Alles andere war nebensächlich. Und so ist es jetzt auch mit deinen Eltern. Ihre finanzielle Situation ist so schlecht, dass sie ständig darüber reden. Sie sind jetzt sozusagen im Fluss am Ertrinken. Ich will dir helfen, dass du es anders machst und gar nicht erst in eine solche Situation kommst. Wenn du willst, zeige ich dir, wie Geld zu einer erfreulichen Kraft in deinem Leben wird.«

Ich hatte über dieses Thema noch nie richtig nachgedacht. Natürlich hätte ich gewünscht, dass meine Eltern mehr Geld hätten. Ich hatte auch leichte Zweifel, ob ein Hund der beste Ratgeber über Geld wäre.

»Das wird sich zeigen«, unterbrach mich Money, und er schien fast ein wenig überheblich zu lächeln. »Es gibt aber etwas viel Wichtigeres: Ich kann dir nur helfen, wenn du es wirklich willst. Ich möchte dich darum bitten, darüber nachzudenken. Ihr Menschen lasst euch leicht von euren Gedanken betrügen. Darum schlage ich vor, dass du von Zeit zu Zeit etwas aufschreibst. Bitte notiere bis morgen zehn Gründe, warum du gerne wohlhabend werden möchtest. Morgen Nachmittag um sechzehn Uhr gehen wir zusammen im Wald spazieren.«

Ich hatte den Eindruck, dass ich noch viel zu jung war, um schwierige Dinge über Geld zu lernen. Außerdem hatte ich bei meinen Eltern erlebt, dass Geld wirklich nichts Angenehmes war.

Money konnte natürlich meine Gedanken lesen. Sofort hörte ich seine Stimme: »Deinen Eltern geht es so schlecht, weil sie nicht gelernt haben, mit Geld umzugehen, als sie so alt waren wie du. Der weise Chinese sagt: *Tue das Große, solange es noch klein ist, denn alles Große beginnt als Kleines*. Es gibt einige Geheimnisse über Geld, Gesetzmäßigkeiten, die ich dir erklären will. Aber das geht nur, wenn du es wirklich willst. Darum musst du die zehn Gründe finden. Bis dahin werden wir uns nicht mehr unterhalten.«

Für den Rest des Tages grübelte ich. Ich hatte natürlich auch viel nachzudenken. Auf jeden Fall entschloss ich mich niemandem von meiner Entdeckung zu berichten.

Ich wollte auf keinen Fall, dass Money Opfer zahlloser Experimente von Wissenschaftlern würde. Ich malte mir aus, wie sie ihn in einen engen Käfig sperren würden und an zahllose Schläuche anschließen würden. Nein, das durfte nicht passieren. Also durfte ich mit niemandem darüber sprechen, dass Money »reden« konnte. Und ich entschied mich mir selber nicht zu viele Fragen über Money und dieses Wunder zu stellen. Ich spürte, dass ich so niemals weiterkommen würde.

Ich war noch nicht überzeugt, dass ich jetzt schon über Geld nachdenken musste. Aber dann fiel mir wieder der Satz des weisen Chinesen ein: »Tue das Große, wenn es noch klein ist...« Was sollte das bedeuten?

Auf einmal hatte ich eine Idee. Vielleicht war es wie mit Henry, dem Terrier der Nachbarsfamilie. Sie hatten ihn bekommen, als er schon fünf Jahre alt war. Und Henry hörte überhaupt nicht. Die Nachbarn sagten immer, dass es jetzt sehr schwierig sei ihn noch zu ändern. Und dass es viel leichter sei einem Hund etwas beizubringen, wenn er noch sehr jung ist.

Vielleicht waren meine Eltern so wie Henry, was das Geld angeht. Außerdem hörte es sich ganz so an, als wenn Money genau wusste, was er sagte. Also musste ich die zehn Gründe finden, warum ich wohlhabend werden wollte. Das war gar nicht so leicht. Denn für die meisten Wünsche, die ich hatte, brauchte ich gar nicht viel, viel Geld.

Nach drei Stunden hatte ich meine Liste zusammen:

1. Ein Trecking-Bike mit 18er-Gangschaltung.
2. Ich könnte mir so viele CDs kaufen, wie ich will.
3. Ich könnte die schönen Sportschuhe kaufen, die ich mir schon lange wünsche.
4. Ich könnte länger mit meiner besten Freundin telefonieren, die zweihundert Kilometer entfernt wohnt.
5. Im Sommer könnte ich an dem Austauschprogramm teilnehmen und in die USA fahren. Das würde auch meinem Englisch gut tun.
6. Ich könnte meinen Eltern Geld schenken, damit sie nicht immer so traurig aussehen. Ich könnte ihnen mit ihren Schulden helfen.
7. Meine Familie beim Italiener zu einem Festessen einladen.
8. Ich könnte den armen Kindern, denen es nicht so gut geht wie mir, helfen.
9. Schwarze Designer-Jeans.
10. Ein Computer.

Nachdem ich die Liste fertig hatte, schien es mir plötzlich doch erstrebenswert »wohlhabend« zu werden. Wohlhabende Leute können sich sicher all diese Dinge leicht kaufen und viele interessante Dinge tun. Außerdem hatte ich an Jenny, meine Freundin, denken müssen, als ich die Liste angefertigt hatte. Ich beschloss Money zu fragen, ob ich Jenny meine Erkenntnisse über Geld erzählen könnte. Auf einmal konnte ich es kaum erwarten, dass es sechzehn Uhr wurde. Dann würde ich erfahren, wie ich wohlhabend werden könnte...

Traumdosen und Traumalbum

Ich konnte mich kaum auf meine Hausaufgaben konzentrieren. Als es sechzehn Uhr war, lief ich schnell in den Garten. Der weiße Labrador wartete bereits. Rasch nahm ich ihn an die Leine und ging mit ihm in den Wald. Ich traute mich nicht zu sprechen, bis ich mit ihm in unserem Versteck angekommen war. Unser Versteck ist eine gemütliche Höhle mitten in einer Brombeerhecke. Man muss durch einen schmalen, fünf Meter langen Gang krabbeln, der durch die Hecke führt. Innen habe ich uns einen Hohlraum geschaffen – richtig gemütlich. Außer mir und Money kannte niemand dieses Versteck. Hier waren wir sicher.

Ich war sehr aufgeregt. Hoffentlich konnte Money noch sprechen. Man weiß ja nie. Ich wollte ihn so viel fragen, aber ich erinnerte mich, dass er nur über Geld reden wollte. Also wartete ich.

Money schaute mich an: »Kira, hast du herausgefunden, dass es sich für dich lohnen würde, wohlhabend zu sein?«

»Allerdings«, beeilte ich mich zu sagen. Ich zog meine Liste aus der Tasche. »Lies sie mir vor«, forderte Money mich auf. Also nannte ich ihm die zehn Punkte.

»Und welche Punkte sind dir am wichtigsten?«, fragte er mich daraufhin. »Sie sind alle wichtig«, erwiderte ich. »Das glaube ich dir«, entgegnete der Hund. »Trotzdem möchte ich dich bitten, noch einmal die Liste anzuschauen und die drei wichtigsten Punkte einzukreisen.«

Ich konzentrierte mich noch einmal auf die Liste und las noch einmal jeden Punkt durch. Es war sehr schwer zu entscheiden, welche drei ich noch lieber hätte als die anderen. Schließlich hatte ich es geschafft und diese drei Wünsche eingekreist:

1. Nächsten Sommer als Austauschschüler in die USA fliegen.
2. Ein Computer – am liebsten ein Laptop.
3. Meinen Eltern mit ihren Schulden helfen.

»Das sind sehr kluge Gründe. Eine sehr kluge Wahl.« Money war begeistert. »Ich möchte dir gratulieren.«

Ich fühlte mich sehr stolz. Trotzdem verstand ich den Sinn der Übung nicht so ganz. Money konnte wie immer meine Gedanken lesen. Prompt bekam ich die Antwort: »Die meisten Menschen wissen gar nicht genau, was sie wollen. Sie wissen nur, dass sie mehr wollen. Am besten stellst du dir das Leben wie ein großes Versandhaus vor. Wenn du an ein Versandhaus schreibst, dass du mehr möchtest, dann wirst du nichts bekommen. Auch wenn du darum bittest, dass sie dir etwas Schönes schicken, wirst du nichts bekommen. So ist es mit allen unseren Wünschen. Wir müssen sie genau kennen.«

Ich hatte meine Zweifel: »Heißt das, wenn ich meine Wünsche kenne, dass ich dann auch alles bekommen werde?« »Natürlich musst du etwas dafür tun«, erwiderte Money. »Aber den ersten entscheidenden Schritt hast du dann schon getan.« »Indem ich die Wünsche aufgeschrieben habe?«, fragte ich. »Richtig«, erwiderte Money. »Nun musst du dir deine Wunschliste jeden Tag anschauen. So wirst du immer wieder daran erinnert. Und du fängst an Möglichkeiten zu erkennen die dir helfen deine Wünsche in die Tag umzusetzen.«

»Da bin ich aber gespannt, ob das funktioniert«, sagte ich zweifelnd. Money schaute mich ernst an: »Wenn du mit einer solchen Einstellung daran gehst, dann wird es nicht funktionieren. Du kannst aber drei Dinge tun, die deine Einstellung sehr leicht verändern. Erstens empfehle ich dir ein leeres Fotoalbum zu nehmen und es zu deinem Wunschalbum zu machen. Suche dir Bilder, die das beschreiben, was du haben willst. Dann klebe sie in dein Album. Wir denken nämlich in Bildern.«

»Wir denken in Bildern?«, fragte ich. »Das heißt, dass du keine Buchstaben denkst«, antwortete Money. »Wenn du an Kalifornien denkst, siehst du dann das Wort KALIFORNIEN oder siehst du gewisse Bilder?« Da hatte Money Recht, natürlich sah ich sofort ganze Bilder von Disneyland, San Francisco, Hollywood usw.

»Und wo finde ich solche Bilder?«, fragte ich.

Money schaute mich merkwürdig an und zog so komisch das Fell über seinen Augen in die Höhe, als wollte er sich über mich lustig machen.

»Okay«, beeilte ich mich zu sagen, »ein Bild von einem Laptop finde ich in einem Prospekt und Bilder über die USA bekomme ich z.B. bei der Organisation, die das Austauschprogramm organisiert. Trotzdem verstehe ich es nicht so richtig.«

»Manchmal müssen wir nicht genau verstehen, wie und warum es funktioniert; wichtig ist, dass es funktioniert. Kannst du mir zum Beispiel erklären, wie Elektrizität funktioniert?«, fragte mich der weiße Labrador.

Mit einer solchen Frage hatte ich nicht gerechnet. Warum musste Money auch gerade nach Elektrizität fragen. Über die Schwerkraft hätte ich etwas sagen können. Darüber hatten wir nämlich gerade in der Schule gesprochen.

»Siehst du«, fuhr der Labrador unbeirrt fort, »aber du kannst auf den Lichtschalter drücken und das Licht geht an – ohne genau erklären zu können, wie Elektrizität funktioniert. Wir Hunde sind keine Freunde von theoretischen Fachsimpeleien. Uns reicht es zu wissen, dass es funktioniert. Also besorge dir ein Fotoalbum und fange an die Bilder hineinzukleben.«

»Ich war ja nur neugierig«, maulte ich. Moneys Antwort folgte sofort: »Das ist auch gut so. Nur darf dich das niemals davon abhalten die Dinge einfach zu tun. Zu viele Menschen zögern und zögern, nur weil sie etwas nicht vollkommen verstehen. Es ist viel klüger die Dinge einfach zu tun.«

»Einverstanden«, versprach ich, »ich werde es ausprobieren.« Moneys Stimme unterbrach meinen Gedankengang: »Nicht ausprobieren, sondern tun. Wer etwas ausprobieren will, der erwartet, dass etwas schief geht und es letztendlich nicht klappt. Etwas zu versuchen ist lediglich eine vorauseilende Rechtfertigung, eine Vorab-Entschuldigung. Es gibt kein Versuchen. Entweder du tust etwas oder du tust es nicht.«

Ich dachte einen Moment lang nach. Jemand, den ich sehr gut kannte, sagte doch immer wieder »Ich werde versuchen, das und das zu tun...« Richtig, mein Vater gebrauchte das Wort häufig. Er sagte immer, dass er heute versuchen werde, einen neuen Kunden zu gewinnen.

Und meistens hat es sich dann nicht so ergeben. Money schien Recht zu haben. Schon möglich, dass dies mit dem Wort »versuchen« zusammenhängt. Also beschloss ich zu versuchen, das Wort »versuchen« nicht mehr zu gebrauchen.

Money knurrte plötzlich leise. Verflixt, nein, da hatte ich das Wort schon wieder benutzt. Ich werde es nicht versuchen, sondern ich werde es einfach nicht mehr gebrauchen. Money hatte mich die ganze Zeit beobachtet. »Das ist gar nicht so leicht, stimmt's?«

Ich erinnerte mich, dass der Labrador von drei Dingen gesprochen hatte, die ich tun könnte, um besser glauben zu können, dass ich tatsächlich meine Wünsche erhalten würde. Das Erste war das Traumalbum anzulegen. Aber was waren die anderen beiden?

Sofort kam die Erklärung: »Das Zweite, was du tun kannst, ist dir die Bilder jeden Tag ein paar Mal anzuschauen und dir vorzustellen, dass du bereits in den USA bist, dass du den Laptop bereits besitzt und wie stolz dein Vater ist, weil er seine Schulden im Griff hat.« Ich erwiderte verwundert: »Das ist ja wie träumen. Mama sagt immer, dass ich nicht tagträumen soll.« Money ist geduldig mit mir: »Man nennt das visualisieren. Alle Menschen, die irgendetwas in ihrem Leben erreicht haben, haben zuerst davon geträumt. Sie haben sich immer wieder vorgestellt, wie es sein würde, wenn sie ihr Ziel erreicht haben. Natürlich darf es nicht alleine beim Träumen bleiben. Das ist es vielleicht, was deine Mutter sagen will.«

Das alles erschien mir doch sehr komisch. Und es war ganz anders, als ich mir die erste Lektion über Geld vorgestellt hatte. »Das nennt man lernen«, kam sofort Moneys Antwort. »Neue Gedanken und neue Ideen kennen lernen. Wenn man auf die gleiche Art zu denken weiterdenkt, dann wird man auch die gleichen Ergebnisse erhalten. Und da vieles, was ich dir sagen werde, sehr neu für dich ist, möchte ich etwas vorschlagen: Urteile nicht, bevor du es nicht getan hast. Ohne zu visualisieren hat noch niemand irgendein Ziel erreicht. Worauf wir uns in unserem Leben konzentrieren, das wird auch wachsen. Die meisten Menschen konzentrieren sich auf Dinge, die sie nicht wollen, anstatt sich Dinge vorzustellen, die sie haben wollen.«

Ich musste an meine Tante Christel denken. Die hatte immer das Gefühl, dass ihr alles zu viel sei und dass sie alles nervlich nicht verkraftete. Und dann kam es auch so: Jede Kleinigkeit wurde ihr zu viel. Auch mein Vater fiel mir ein. Er konzentrierte sich auf die schwierige Situation, in der wir uns befanden – und irgendwie schien sich die Situation dadurch nur noch zu verschlechtern.

»Das Dritte, was du tun kannst, ist Traumdosen anzulegen«, fuhr Money fort. »Traumdosen?«, fragte ich entgeistert. Money lachte: »Ja, denn ohne Geld wirst du nicht nach Kalifornien kommen. Eine der besten Möglichkeiten, um zu Geld zu kommen, ist der Trick mit den Traumdosen. Du nimmst einfach eine Dose und verwandelst sie in eine Spardose. Auf die Dose schreibst du deinen Traum. Du musst aber pro Traum eine Dose nehmen. Und sobald du die Traumdose fertig hast, legst du alles Geld hinein, das du erübrigen kannst.« Mir schossen sofort viele Einwände durch den Kopf: »Dann muss ich aber viele Dosen anlegen, und selbst wenn ich in jede Dose eine Mark legen könnte, dann würde es aber mindestens bis zu meinem zwanzigsten Geburtstag dauern, bis ich auf diese Weise genug Geld zusammen hätte. Außerdem hätte ich dann kein Geld mehr für meine anderen Wünsche ...«

Money schaute mich ruhig an: »Fällt dir auf, dass du zuerst immer darüber nachdenkst, warum es nicht geht?« »Manchmal vielleicht«, brummte ich. »Aber wäre es nicht insgesamt besser, wenn wir darüber nachdenken würden, wie ich zu mehr Taschengeld komme. Wenn ich zum Beispiel das Doppelte hätte, ginge es mir super.« Moneys Stimme wurde ganz ernst: »Das wirst du mir jetzt nicht glauben, Kira, aber selbst wenn du zehnmal so viel Taschengeld hättest – deine Probleme würden nur noch größer. Denn unsere Ausgaben wachsen immer mit unseren Einnahmen mit.« Das schien mir aber gewaltig übertrieben. Mit zehnmal so viel Taschengeld würde ich ganz bestimmt wie im Paradies leben.

Aber Money ließ nicht locker: »Schau dir deine Eltern an. Die haben nicht nur zehnmal so viel wie du, die haben mehr als hundertmal so viel. Trotzdem kommen sie nicht zurecht. Die Menge des Geldes ist nicht so entscheidend. Viel wichtiger ist, was wir damit machen. Wir müssen erst lernen mit dem Geld zurechtzukommen, das wir im Moment haben. Erst dann sind wir qualifiziert mehr Geld zu bekommen. Aber das will ich dir in einigen Tagen genauer erklären. Jetzt zurück zu den Traumdosen. Was hältst du davon, wenn du es einfach beginnst?«

»Aber bei so vielen Dosen verliere ich den Überblick«, erwiderte ich. »Deshalb hast du aus deiner Liste die wichtigsten Ziele herausgesucht«, erklärte Money.

Ich schaute noch einmal auf meine Liste. Richtig: Am Wichtigsten war mir die Reise in die USA, ein Laptop und meinen Eltern mit ihren Schulden zu helfen. Für die ersten zwei könnte ich eine Traumdose anlegen. Das mit den Schulden meiner Eltern schien mir ziemlich hoffnungslos.

»Genau«, sagte Money, der meine Gedanken las. »In einigen Tagen werden wir über die Schulden deiner Eltern sprechen. Das ist viel leichter, als du vielleicht denkst. Du brauchst also nur zwei Traumdosen. Das müsste doch zu schaffen sein.«

»Okay, ich werde es versuch..., nein, ich meine, ich werde es tun«, versprach ich. »Dann beginne sofort«, forderte Money mich auf. Ich war erstaunt: »Du meinst, jetzt sofort?« Der Labrador nickte nur. Also schloss ich meine Augen und stellte mir zuerst vor, wie ich meine Hausaufgaben auf meinem eigenen Laptop machen könnte. Sie würden viel schöner aussehen und ich könnte viel leichter Korrekturen vornehmen. Sicherlich würde ich auch bessere Noten bekommen. Außerdem würde ich die tollsten Videospiele haben ... Dann stellte ich mir vor, dass ich drei Wochen in San Francisco verbringen würde. Ich war bei einer netten Gastfamilie. Ich malte mir aus, wie ich eine nette Freundin kennen lernen würde. Wir hatten eine tolle Zeit zusammen. Noch nie hatte ich mich mit jemandem so gut verstanden. Und ich konnte so viel lernen, so vieles war anders...

Zwischendurch stellte ich mir noch vor, wie mich mein Vater zum Flughafen bringen würde – so richtig gut drauf, weil er keine Schulden mehr hatte. Mann, war der stolz. Und das war gut so, denn nun war er viel besser gelaunt. Er pfiff sogar ein Liedchen. Das hätte er besser nicht getan, denn er pfiff schrecklich falsch. Aber ich mochte es, wenn er so gut gelaunt war.

Nach einer Zeit machte ich die Augen wieder auf. »Wie war's?«, wollte Money sofort wissen. »Ganz nett«, berichtete ich. »Es hat mir wirklich gut gefallen. Aber ich verstehe trotzdem nicht, wieso das helfen soll.«

»Denk an die Elektrizität«, erinnerte mich Money. »Du musst es nicht verstehen. Du musst nur wissen, dass es funktioniert. Und ehrlich gesagt, kann ich es dir auch nicht genau erklären. Eine weise Möwe hat einmal gesagt: Bevor du losfliegst, musst du schon wissen, dass du angekommen bist. Du musst dir vorstellen, die Dinge schon zu haben. So wird aus einem schwachen Wünschen ein Verlangen. Irgendwann wird der Wunsch nach San Francisco zu fliegen immer stärker. Je öfter du visualisierst, umso stärker wird dein Wunsch. Und dann fängst du an nach Möglichkeiten zu suchen, die dir das ermöglichen. Und, Kira, Möglichkeiten gibt es genug. Aber du wirst sie nur sehen, wenn du nach ihnen suchst. Und du suchst nur nach ihnen, wenn du ein starkes Verlangen hast. Und das starke Verlangen bekommst du, wenn du visualisierst.«

»Wahrscheinlich hast du Recht«, entgegnete ich gedankenvoll. »Ich habe mich nie ernsthaft damit beschäftigt, nach San Francisco zu kommen. Einmal habe ich vorsichtig meine Mutter gefragt. Und die hat mir sofort erklärt, dass da überhaupt nicht dran zu denken sei. Und dann habe ich eigentlich nicht mehr so richtig darüber nachgedacht. Jetzt will ich es plötzlich viel mehr.«

Money knurrte befriedigt: »Das wäre doch eigentlich einen schönen Hundekuchen wert.« Ich schaute erschrocken. Seit Money mein Lehrer geworden war, hatte ich ihn gar nicht mehr wie einen Hund behandelt. Das musste ich schnell nachholen. Rasch gab ich ihm ein paar Hundekuchen, die er genussvoll verschlang.

Ich wollte ihn noch so viel fragen. Plötzlich gab es so viele Geheimnisse. Money hatte ja gesagt, dass er mit mir nur über Geld reden würde, also behielt ich die Fragen für mich. Etwas aber quälte mich, das ich wissen musste: »Money, woher weißt du all diese Dinge?« Money war belustigt: »Weil Hunde einfach sehr intelligent sind.« »Ach ja«, erwiderte ich, »und was ist mit Boxern und Pudeln?« Money lachte. »Ich habe bei einem sehr reichen Mann gewohnt. Aber darüber will ich jetzt nicht sprechen. Du wirst es irgendwann erfahren. Alles zu seiner Zeit. Lass uns jetzt zurückgehen, es ist schon ziemlich spät.«

Money hatte Recht. Es war schon fast Abendbrotzeit. Also liefen wir nach Hause. Während des Essens war ich gar nicht richtig bei der Sache. Ich hatte auch kaum Hunger. Meine Mutter schaute mich besorgt an: »Kira, hast du Probleme?« Ich seufzte nur laut. Ich konnte ja nichts sagen. Dabei gab es so viel zu bedenken, so viele Fragen.

Endlich waren wir mit dem Abendessen fertig und ich konnte auf mein Zimmer gehen. Sofort machte ich mich an die Arbeit. Ich brauchte ein Fotoalbum. Ich nahm ein altes Poesiealbum – das würde es sicher auch tun. Nun wollte ich Bilder von einem Laptop und von Kalifornien hineinkleben. Da war ich aber erstaunt: Ich hatte kein Bild, keinen Prospekt, nichts. Ich bemerkte, dass ich meine eigenen Wünsche wirklich nicht ernst genommen hatte. Also beschloss ich gleich morgen Prospekte zu besorgen. Jetzt konnte ich wenigstens die Traumdosen herrichten.

Ich fand schließlich eine Pralinenschachtel. Ich machte einen Schlitz wie in einem Sparschwein hinein. Mit einem Filzstift schrieb ich groß »LAPTOP« auf den Deckel. Dann klebte ich die Schachtel mit Tesafilm zu. Sobald ich Bilder hätte, wollte ich auch noch ein besonders schönes Bild von einem Laptop auf die Schachtel kleben. Vielleicht würde ich auch ein sehr großes Bild finden. Das könnte ich dann auf den ganzen Deckel kleben. Die Schachtel würde dann so aussehen wie ein Laptop – mit einem Sparschlitz. Die Idee fand ich gut. Dann nahm ich eine Zigarrenkiste von meinem Vater und schrieb »San Francisco« darauf.

Ich lehnte mich zurück. Die Dosen hatte ich jetzt. Aber was wollte ich hineintun? Ich bekam damals zwanzig Mark Taschengeld im Monat. Davon konnte ich mir gerade eine CD kaufen. Ich überlegte. Wenn ich nun zum Beispiel fünf Mark in jede Box legen würde, dann hätte ich kein Geld mehr für eine CD. Schwere Entscheidung. Schließlich schwante mir, dass ich nach einiger Zeit entweder viele CDs haben oder einige große Ziele erreichen könnte. Wahrscheinlich war es besser, wenn ich mir nur jeden zweiten oder dritten Monat eine CD kaufen würde. Dann könnte ich die Hälfte von meinem Taschengeld sparen. Die Idee gefiel mir immer besser. Also legte ich schließlich fünf Mark in jede der beiden Dosen.

Stolz schaute ich auf die Dosen. Auf einmal kamen sie mir gewaltig vor. Es war so, als müsste es auf jeden Fall klappen. Ich fühlte mich einfach gut.

Ich legte mich ins Bett. War ich aufgeregt! Was hatte ich heute alles gelernt. Und wie spannend mein Leben plötzlich war! Ganz bestimmt hatte niemand sonst einen so außergewöhnlichen Hund. Schließlich schlief ich ein. Ich träumte von Money, Amerika und Laptops.

Daryl, der Junge, der viel Geld verdient

»Kira, jetzt aber aufstehen!«, hörte ich die Stimme meiner Mutter. Ich hätte verschlafen, wenn meine Mutter mich nicht geweckt hätte. Ich glaube, manchmal schläft man länger, um noch ein bisschen träumen zu können.

Ich räkelte mich im Bett. Meine Mutter öffnete die Vorhänge und ließ den Morgen hinein. Missbilligend schaute sie auf die Unordnung in meinem Zimmer. Dabei fiel ihr Blick auf meine Traumdosen. Sie nahm eine nach der anderen in die Hand. Ihre Stirn runzelte sich, als sie »Laptop« und »San Francisco« las. »Was ist das denn für eine fixe Idee?«, wollte sie von mir wissen. Ich lief rot an. Mir wurde ganz heiß. »Du weißt doch, dass ich gerne in das Austauschprogramm in die USA mitfahren würde. Außerdem dachte ich, dass ich meine Hausaufgaben viel besser mit einem Computer machen könnte. Also möchte ich dafür sparen«, antwortete ich.

Meine Mutter schaute mich entgeistert an. Sie hatte immer noch in jeder Hand eine Dose. Sie schüttelte die Dosen. Die beiden Münzen darin rappelten hin und her. »Da ist ja tatsächlich Geld drin«, staunte sie. »Wie viel ist es denn?«

Mir gefiel die Unterhaltung nicht. »Fünf Mark«, murmelte ich leise. »So, so, fünf Mark für einen Laptop und fünf Mark für eine Reise in die USA. Dann kann es ja nicht mehr lange dauern.« Meine Mutter fing an zu kichern. »Wenn du dreitausend Mark für die Reise brauchst, dann sind das...« – sie fing an im Kopf zu rechnen, was nicht ihre Stärke war – »Fünf Mark im Monat mal zwölf sind sechzig Mark im Jahr, mal zehn Jahre sind sechshundert Mark, ... das sind ja fünfzig Jahre, bis du fliegen kannst!« Sie hatte es endlich ausgerechnet und brüllte vor Lachen.

Ich hasste es, wenn sie mich auslachte. Und ich kam mir so blöd vor, dass mir die Tränen kamen. Ich wollte nicht, dass meine Mutter mich weinen sah, und kämpfte dagegen an. Ich konnte es aber nicht verhindern, was mich noch viel wütender machte.

Meine Mutter lief aus dem Zimmer und rief meinen Vater: »Du, Georg, wir haben ein Finanzgenie als Tochter, sie wird bald nach San Francisco fliegen, ha, ha, ha!« Ich konnte mich nicht mehr beherrschen. Ich schrie in den Flur: »Ihr werdet schon sehen, dass ich fliege. Und zwar genau nächstes Jahr in den Sommerferien. Und ich schreibe euch noch nicht einmal eine Karte! Und auf euren Schulden könnt ihr auch sitzen bleiben. Ich werde euch jedenfalls nicht helfen!«

Dann schmiss ich meine Türe zu. Ich warf mich aufs Bett und weinte bitterlich. Ich ärgerte mich über mich selbst. Hätte ich doch bloß den Mund gehalten. Am liebsten hätte ich die Dosen zerstampft. So etwas Lächerliches. Natürlich konnte es nicht klappen. Nach der Schule wollte ich als Erstes Money erzählen, was für ein Unsinn das Ganze war. Als Oma nach Amerika. Toller Trick!

Es wurde nicht einer meiner besseren Schultage. Ich war überhaupt nicht bei der Sache. Zum Glück mussten wir keinen Test oder gar eine Klassenarbeit schreiben. Die hätte ich bestimmt verhauen. Ich sprach noch nicht einmal mit Monika, die neben mir sitzt und meine Freundin ist. Stumm stierte ich vor mich hin. Ich konnte es kaum erwarten, dass die Schule endlich zu Ende sein würde. Monika hielt mein Schweigen nicht länger aus. Sie schrieb mir eine Zettelbotschaft. Ich steckte sie ungelesen in meine Jeans.

In der Pause ging ich schnell nach draußen. Ich wollte alleine sein. Aber Monika war mir nachgelaufen und holte mich bald ein. Sie schien beleidigt: »Was ist los mit dir?«, wollte sie wissen. »Bist du krank oder hast du etwas verloren, hast du Ärger mit deinen Eltern – keine Sorge, das legt sich wieder, oder hat sich gar der Besitzer von Money gemeldet ...«

»Nichts von alledem«, unterbrach ich Monika. Denn sonst hätte sie noch eine Ewigkeit weiter gefragt. Sie redet überhaupt sehr viel. Zu viel. Und sie kann kaum etwas für sich behalten. Darum sagt Jason, unser Klassensprecher immer, dass, wenn man Monika etwas sagt, es dann auch in die Zeitung schreiben kann.

Aber Monika gab nicht auf und bohrte weiter. Wie alle Menschen, die viel reden, war sie auch ziemlich neugierig. Ich wusste, dass ich keine Ruhe mehr haben würde. Also überlegte ich, was ich ihr sagen könnte, ohne dass es für Money gefährlich werden würde. Ich entschied mich, ihr von den Traumdosen zu erzählen und dass meine Mutter mich ausgelacht hatte. Ich schloss den Bericht, indem ich sagte: »Ich brauche also unbedingt viel Geld – und zwar schnell.«

Monika schaute mich verständnislos an: »Ja dann frag doch deine Großeltern, die geben dir bestimmt das Geld. Das würde ich auf jeden Fall machen.«

»Monika, meine Großeltern haben kaum genug, um selber über die Runden zu kommen«, erwiderte ich.

Monikas Familie hatte einfach viel Geld. Was man von meiner Familie ja nicht unbedingt sagen konnte.

»Dann frage doch deine Onkel und Tanten«, schlug Monika vor.

»Du nervst«, teilte ich ihr mit. »Ich habe keine reiche Familie. Ich habe keine Chance an Geld zu kommen.«

»Es mag zwar sein, dass du niemanden um Geld fragen kannst. Aber eins weiß ich, du gibst zu schnell auf. Du versuchst es ja gar nicht. Du konzentrierst dich immer zuerst darauf, was nicht geht. So klappt gar nichts«, erwiderte sie. Ich wurde hellhörig. So etwas Ähnliches hatte mir Money auch schon gesagt. Vielleicht war da etwas Wahres dran.

Und man konnte Monika bestimmt eine Menge vorwerfen, aber sie gab wirklich nie auf. In der Schule war sie nämlich nicht besonders talentiert. Aber irgendwie schaffte sie es doch immer die Klassenarbeiten zu bestehen. Und sie war wirklich nicht die Klügste.

Die Pause war vorüber und wir gingen in den Klassenraum zurück. Heimlich nahm ich mir vor, weniger negativ zu sein.

Endlich war die Schule zu Ende. Ich lief nach Hause, schlang mein Essen hinunter, nahm Money an die Leine und rannte mit ihm in den Wald. Ich konnte es kaum erwarten, dass wir endlich unser Versteck erreichten. Dann sprudelte es aus mir raus: »Ich habe nichts als Ärger mit deinen Ideen. Meine Mutter hat mich ausgelacht, als sie die Traumdosen entdeckt hat. Sie hat mir vorgerechnet, dass ich fünfzig Jahre brauche, um nach Amerika fliegen zu können. Dann bin ich eine Oma.«

Money schaute mich schweigend an. Dann senkte er den Kopf. Er schien ein wenig traurig auszusehen.

Schließlich hörte ich leise seine Stimme: »Willst du denn wirklich nach Amerika und willst du wirklich den Laptop?«

»Natürlich«, antwortete ich ganz entschieden. Ich muss zugeben, ich war über mich selber verwundert. Aber irgendwie war ich durch das Visualisieren und die Traumdosen und das halbfertige Traumalbum ganz schön sicher geworden, dass ich es wollte.

»Gut«, Money schaute mich sehr eindringlich an. »Das ist nämlich das Wichtigste. Es geht nicht so sehr darum, dass du sofort weißt, wie du etwas bekommst. Viel wichtiger ist, dass du es wirklich willst. Sonst gibst du bei den ersten Schwierigkeiten auf.«

Irgendwie stimmte das. Denn ich war durch die Probleme mit meiner Mutter nur noch trotziger geworden. Ich wollte es schaffen.

»Ich habe auch nie gesagt, dass es leicht werden wird«, fuhr Money fort.

»Ja, aber von meiner Mutter hätte ich das nun wirklich nicht erwartet«, stöhnte ich.

»Probleme, die uns wehtun, kommen immer aus einer Richtung, aus der wir sie am wenigsten erwarten«, antwortete der weiße Labrador. »Aber jetzt sollten wir überlegen, wie du zu dem Geld kommst, bevor du eine Oma bist.«

»Hoffnungslos«, erwiderte ich. »Ich habe schon mit Monika darüber gesprochen. Ich habe ja keine reichen Verwandten, die ich um Geld fragen könnte. Es ist zum Verzweifeln.«

Money scharrte ärgerlich mit der Pfote: »Konzentriere dich nicht so sehr darauf, was nicht geht. Du könntest doch arbeiten, um Geld zu verdienen.«

Ich ärgerte mich über mich selber. Ich wollte mir doch angewöhnen, nicht zuerst das Negative zu sehen. Aber wie sollte ich als Mädchen von gerade mal zwölf Jahren Geld verdienen? Da hatte ich eine Idee: »Ich könnte vielleicht regelmäßig unseren Rasen schneiden. Da würde ich bestimmt einige Mark dafür bekommen.«

Money war wenig begeistert: »Du lebst doch auch in dem Haus und nutzt auch den Garten. Dann ist es doch selbstverständlich, dass du hilfst. Dafür solltest du kein Geld von deinen Eltern verlangen. Außerdem tun sie ja auch sehr viel für dich – und das berechnen sie auch nicht.«

»Ja und wie soll ich dann bitteschön Geld verdienen?«, fragte ich.

»Nichts leichter als das«, kam Moneys Stimme. Ich werde dir später eine spannende Geschichte von einem Jungen namens Daryl erzählen. Der hat mit siebzehn Jahren schon viele Millionen verdient, obwohl er eigentlich ein ganz normaler Junge ist. Aber vorher muss ich dir etwas ganz Wichtiges sagen. Ob du nämlich Geld verdienst oder nicht, liegt nicht in erster Linie daran, ob du eine gute Idee hast. Es liegt auch nicht hauptsächlich daran, wie gut du bist. Es liegt an deinem Selbstvertrauen.«

»An meinem Selbstvertrauen?«, äffte ich Money nach. »Was hat das denn mit Geld verdienen zu tun?«

Der Hund erhob sich würdevoll, um zu zeigen, dass es um etwas ganz Bedeutungsvolles ging: »Dein Selbstvertrauen entscheidet darüber, ob du dir etwas zutraust. Ob du an dich glaubst. Wenn du nämlich nicht an etwas glaubst, dann fängst du gar nicht erst an. Und wenn du nicht anfängst, dann geschieht nichts.«

Ich war mir nicht sicher, ob ich das so richtig verstehen konnte. Aber dann fiel mir etwas ein. Vor einiger Zeit hatte ich einfach vergessen für eine Klassenarbeit zu lernen. Am Morgen in der Schule hatten meine Klassenkameraden mir dann von der Klausur erzählt. Ich weiß, dass ich schnell lernen kann. Also habe ich die Doppelstunde Kunst blaugemacht und mich auf eine Bank im Schulhof gesetzt und gelernt. Tatsächlich habe ich noch ein »Befriedigend« geschafft. Hätte ich es mir nicht zugetraut, dann hätte ich gar nicht mehr begonnen zu lernen.

»Ausgezeichnet«, triumphierte Money, »genau das ist Selbstvertrauen.« Ich vergaß immer wieder, dass er ja meine Gedanken lesen konnte.

Gedankenverloren sagte ich: »Ich glaube nicht, dass ich besonders viel Selbstvertrauen habe.«

»Stimmt«, pflichtete Money mir bei, »aber du kannst es leicht bekommen. Willst du wissen, wie du das anstellen kannst?«

»Natürlich«, beeilte ich mich zu sagen.

»Dann will ich es dir erklären. Du nimmst ein leeres Heft oder ein Tagebuch und nennst es »ERFOLGS-JOURNAL«. Dann schreibst du all die Dinge hinein, die dir gut gelungen sind. Am besten machst du es jeden Tag und schreibst mindestens fünf persönliche Erfolge hinein. Es können ruhig ganz kleine Dinge sein. Am Anfang fällt es dir vielleicht nicht leicht. Wahrscheinlich fragst du dich, ob das eine oder andere wirklich ein Erfolg ist. Im Zweifel solltest du dich aber immer dafür entscheiden. Besser bekommst du zu viel Selbstvertrauen als zu wenig.«

Money dachte einen Moment nach, dann fuhr er fort: »Am besten fängst du sofort an. Und wir treffen uns später – nach dem Abendessen. Dann erzähle ich dir die Geschichte von Daryl.«

Lieber hätte ich die Geschichte von Daryl sofort gehört. Aber ich bekam immer mehr Vertrauen zu Money. Er schien ziemlich genau zu wissen, was Sache ist. Also willigte ich ein und wir spazierten nach Hause.

Dort angekommen, ging ich sofort auf mein Zimmer. Ich nahm ein altes Schulheft, das ich für Chemie verwendet hatte, und riss die wenigen Seiten heraus, auf die ich geschrieben hatte. Dann klebte ich ein neues Schild mit der Aufschrift »Erfolgs-Journal« vorne auf das Heft.

Ich notierte das Datum von heute und wollte beginnen zu schreiben. Ich starrte auf das Blatt. Ja, was war mir denn gestern gut gelungen? Mir fiel eine ganze Zeit lang nichts ein. Außer vielleicht, dass ich die Traumdosen angefertigt hatte. Aber andererseits war ich mir ja nicht sicher, dass sie funktionieren würden. Ich fragte mich, ob ich sie dennoch notieren könnte.

Da erinnerte ich mich an etwas, das Money gesagt hatte: »Am Anfang wirst du öfter unsicher sein, ob du etwas notieren solltest oder nicht. Entscheide dich im Zweifel immer dafür.«
Also fing ich einfach an zu schreiben:

1. Ich habe zwei Traumdosen gebastelt. Ich habe das getan, obwohl ich mir nicht sicher bin, ob es funktio-

niert. Aber wenn ich es nicht getan hätte, würde es auf keinen Fall funktionieren.
2. Ich habe in jede Dose fünf Mark gelegt.
3. Traumalbum begonnen.
4. Heute damit begonnen in meinem Erfolgs-Journal zu schreiben.
5. Mir vorgenommen viel Geld zu verdienen.
6. Ich habe mich entschieden nicht aufzugeben.
7. Viel über Geld und Geld verdienen gelernt.

Ich schaute mir meine Liste an. Auf einmal war ich mächtig stolz auf mich. Es gab bestimmt nicht viele Kinder, die so etwas machen. Ich kam mir selbst fast ein wenig unheimlich vor. Aber wahrscheinlich sind alle außergewöhnlichen Menschen ein wenig verrückt.

Jetzt wurde es aber Zeit, dass ich meine Schularbeiten machte. Dann aßen wir zu Abend und anschließend ging ich mit Money in den Wald. Es war Sommer und noch lange hell. Meine Mutter sah es nicht gerne, wenn ich abends noch in den Wald ging, aber ich musste doch ungestört mit Money reden.

Als Erstes teilte ich meinem Hund stolz mit, dass ich für mein Erfolgs-Journal tatsächlich fünf Dinge gefunden hatte, die mir gut gelungen waren. Money war zufrieden.

Jetzt konnte ich es aber gar nicht mehr erwarten, die Geschichte von Daryl zu hören.

Money spannte mich auch nicht länger auf die Folter und begann: »Daryl hat einmal seine eigene Geschichte erzählt und ich konnte zuhören. Es fing damit an, dass er als Achtjähriger einmal ins Kino gehen wollte. Da er kein Geld hatte, musste er eine grundlegende Frage stellen: Wollte er seine Eltern um Geld fragen oder wollte er es selber verdienen. Er entschied sich für die zweite Alternative. Er mixte daraufhin eine Limonade und stellte sich an die Straßenecke, um sie an Vorbeikommende zu verkaufen. Leider war es ein bitterkalter Wintertag und niemand kaufte – mit Ausnahme von zwei Personen: seine Mutter und sein Vater.

Er hatte damals die Gelegenheit, sich mit einem sehr erfolgreichen Geschäftsmann zu unterhalten. Als er diesem von seiner »Pleite« erzählte, gab er ihm zwei wichtige Ratschläge: Versuche immer für andere ein Problem zu lösen. Dann wirst du immer viel Geld verdienen. Und zweitens konzentriere dich immer auf das, was du weißt, kannst und hast.

Das waren sehr wichtige Tipps. Denn für einen kleinen achtjährigen Jungen gab es so viele Dinge, die er noch nicht tun konnte. Also lief er durch die Straßen und überlegte, welche Probleme die Menschen so haben könnten und was er mit seinen Möglichkeiten tun könnte, um diese Probleme zu lösen.

Es war gar nicht so einfach. Eine geeignete Idee schien ihm nicht kommen zu wollen. Eines Tages aber brachte ihn sein Vater ungewollt auf die richtige Fährte. Beim Frühstück bat er Daryl doch eben die Zeitung zu holen. Dazu muss man wissen, dass die Zeitungsausträger in Amerika die Tageszeitung vorne am Gartenzaun in ein dafür vorgesehenes Rohr stecken. Wer gemütlich im Bademantel frühstücken und Zeitung lesen will, muss also sein warmes Haus verlassen und in Wind und Wetter seine Zeitung vorne vom Grundstückseingang holen. Das sind zwar manchmal nur zwanzig bis dreißig Meter, aber die können schon ganz schön ungemütlich sein.

Während Daryl die Zeitung für seinen Vater holte, wurde eine Idee geboren. Am selben Tag noch klingelte er bei seinen Nachbarn und bot ihnen an, für nur einen Dollar im Monat, jeden Morgen ihre Zeitung unter ihrer Haustür hindurchzuschieben. Die meisten waren einverstanden. Daryl hatte bald über siebzig Kunden. Als er nach dem ersten Monat zum ersten Mal seinen Dollar kassierte, fühlte er sich wie im Himmel.

Er war glücklich, aber nicht zufrieden. Er schaute also nach weiteren Möglichkeiten. Einmal auf den Geschmack gekommen, fand er bald weitere. Er bot seinen Kunden an die Müllsäcke vor die Haustür zu stellen. Er trug sie dann morgens zur Abfalltonne – für einen weiteren Dollar im Monat. Er versorgte Tiere und passte auf Häuser auf, goss Pflanzen. Er arbeitete aber nie auf Stundenlohnbasis, denn er konnte anders viel mehr Geld verdienen.

Mit neun Jahren lernte er den Computer seines Vaters zu bedienen. Er lernte Werbung zu schreiben. Auch fing er an alle Ideen, wie Kinder Geld verdienen können, aufzuschreiben. Da ihm immer neue Ideen kamen, wurde bald daraus eine ganz ansehnliche Sammlung. Seine Mutter half ihm mit der Buchführung – damit er überhaupt noch wusste, von wem er wann Geld kassieren musste.

Er spannte auch andere Kinder mit ein, die ihm halfen. Sie bekamen dafür die Hälfte von dem, was er dafür einnahm. So floss bald reichlich Geld in seine Taschen.

Ein Verleger wurde auf ihn aufmerksam und überredete ihn dazu ein Buch herauszugeben. Titel: 250 Tipps, wie Kinder Geld verdienen können. Das Buch wurde ein riesiger Erfolg. So wurde Daryl mit zwölf Jahren bereits ein Bestsellerautor.

Das Fernsehen »entdeckte« ihn und er wurde in zahlreiche Kindershows eingeladen. Dort erkannte man, dass er im Fernsehen sehr natürlich wirkte und sehr gut ankam. Mit fünfzehn Jahren bekam er seine eigene Show. Jetzt verdiente er wirklich unglaublich viel durch die Fernsehgagen und Werbeangebote.

Als Daryl siebzehn Jahre alt war, besaß er bereits mehrere Millionen Dollar.«

Money schloss den Bericht mit einer Frage: »Was, glaubst du, war aber der entscheidende, ausschlaggebende Moment für all seinen Erfolg?«

Ich war noch ganz beeindruckt. Ich wollte antworten, das Entscheidende war das Fernsehen. Aber ohne das Buch wäre er nicht ins Fernsehen gekommen. Und ohne seine Erfolge im Geldverdienen hätte er nicht das Buch geschrieben...

Money unterbrach meine Gedanken: »Genau, es fing damit an, dass Daryl sich darauf konzentrierte, was er kann, weiß und hat. Das reichte völlig aus, um als Kind wesentlich mehr Geld zu verdienen als die meisten Erwachsenen. Die konzentrieren sich nämlich oft ihr ganzes Leben hauptsächlich darauf, was sie nicht können, nicht haben und nicht wissen.«

»Also wieder die Sache mit dem Selbstvertrauen«, erkannte ich. »Aber ob das alles hier so klappt. In Amerika ist das für Kinder bestimmt alles viel leichter.«

Money bellte dreimal laut.

Ich erschrak. Money bellte so gut wie nie. Ängstlich schaute ich mich um. Vielleicht waren wir in Gefahr. Es war aber nichts zu sehen. Auf einmal fiel mir ein, was ich gesagt hatte. Ich hätte mir auf die Zunge beißen können.

Ich hatte getan, was ich ja genau nicht machen sollte: Ich hatte mich auf das konzentriert, was ich nicht konnte und nicht hatte. Ich wohnte nun einmal nicht in Amerika. Aber hier würde es bestimmt auch Möglichkeiten geben.

Money knurrte befriedigt: »Brav! Jetzt hätten wir beide einen Hundekuchen verdient.«

Rasch griff ich in meine Tasche und gab meinem Hund einige Hundekuchen. Er verschlang sie mit Genuss.

Auf einmal hatte ich viel Mut bekommen. Irgendetwas würde ich schon finden, womit ich viel Geld verdienen würde. Ich kraulte Money am Hals. Er genoss das sehr. Er schnurrte fast wie ein Kätzchen. Nach ein paar Minuten gingen wir nach Hause.

Wie mein Cousin viel verdient

Nach dem Gespräch war ich sehr nachdenklich. Ich lag auf meinem Bett und grübelte. Ich wollte unbedingt eine Möglichkeit finden viel Geld zu verdienen. Aber wie sollte ich das anstellen und wo sollte ich beginnen? Was Daryl so alles geschafft hatte, war schon erstaunlich. Aber er ist wahrscheinlich eine Ausnahme. Und in Amerika war alles bestimmt viel leichter. Und er war einer dieser Jungen, deren Eltern viel mehr erlauben. Und vielleicht war ich ja doch noch zu jung...

Mit einem Mal fiel mir wieder ein, was Money über das Selbstvertrauen gesagt hatte. Wenn ich mehr an mich glauben würde, dann wäre es viel leichter. Ich wäre fast wieder in die gleiche Falle wie gestern hineingetappt. Also beschloss ich, schnell wieder an meinem Erfolgs-Journal zu arbeiten. Zwei Punkte, die ich aufschreiben konnte, fielen mir sofort ein:

1. Ich kann Geheimnisse gut für mich behalten.
2. Ich habe nicht aufgegeben, als meine Mutter mich ausgelacht hat.

Ich dachte einige Augenblicke nach. Bald hatte ich noch vier weitere »Erfolge« gefunden.

Während ich einige Dinge notierte, dachte ich darüber nach, ob ich jemanden wie Daryl kenne. Sich mit so einer Person zu unterhalten müsste doch ganz toll sein.

Auf einmal erinnerte ich mich an Marcel, meinen Cousin. Der war nur zehn Monate älter als ich. Ich sah ihn nur ein-, zweimal im Jahr. Aber soviel ich wusste, hatte er immer Geld. Er war aber ein echter Fiesling. Ich konnte nie so richtig mit ihm spielen. Aber vielleicht konnte er mir jetzt helfen. Ich rief ihn sofort an, obwohl es schon ziemlich spät war. Zum Glück war er noch auf.

Kaum hatte ich ihn am Telefon, platzte ich gleich mit meinem Anliegen heraus: »Marcel, hallo, hier ist Kira. Ich muss etwas Wichtiges mit dir besprechen. Ich will nächstes Jahr mit dem Austauschprogramm nach San Francisco und dafür brauche ich viel Geld. Meine Eltern können mir nicht helfen. Also muss ich es verdienen.«

Marcel lachte: »Nichts leichter als das. Aber ich bin überrascht. Ich habe immer gedacht, du bist ein ziemlich blödes Huhn, das sich nur für Puppen interessiert. Darum habe ich mich auch nie richtig mit dir unterhalten. Und jetzt stellst du auf einmal eine richtig vernünftige Frage.«

Am liebsten hätte ich aufgelegt. Was für eine Frechheit. Dieses arrogante Froschgesicht. Ich beherrschte mich mühsam: »Sehr nett bist du nicht. Würdest du mir trotzdem verraten, warum du immer genug Geld hast?«

Marcel erwiderte provozierend: »Ich hätte gedacht, du legst jetzt sofort auf und heulst. Anscheinend bist du doch nicht so ein Weichei, wie ich dachte. Hmm. Weißt du, es ist wirklich leicht Geld zu verdienen.«

Wenn der gewusst hätte, wie sehr ich gegen meine Tränen kämpfen musste. Aber ich ließ es mir nicht anmerken und fragte: »Das ist leicht?«

Marcel gluckste übermütig: »Geld verdienen kann man überall. Man muss sich nur umschauen.«

Der klang wirklich so, wie ich mir Daryl vorgestellt habe. Aber ich hatte da einige Zweifel: »Marcel, was glaubst du, wie viele meiner Freunde gerne Geld verdienen möchten. Aber sie finden nichts.«

»Dann haben sie nie richtig geschaut. Wahrscheinlich spielen sie zu viel mit Puppen«, entgegnete Marcel. Ich wurde langsam richtig böse. Wenn er noch einmal etwas von Puppen sagen würde...

Aber er sprach einfach weiter: »Kira, hast du denn schon einmal wirklich nach Arbeit gesucht? Ich meine, hast du schon einmal einen ganzen Nachmittag über nichts anderes nachgedacht als darüber, wie du Geld verdienen könntest?«

Ich musste ehrlich zugeben, dass ich noch nicht einmal auch nur eine Stunde darauf verwandt hatte. Im Grunde genommen hatte ich immer sehr schnell entschieden, dass es für mich wahrscheinlich eh keine Möglichkeit geben würde. Also verneinte ich.

»Siehst du«, fuhr Marcel fort, »darum hast du auch nichts gefunden. Wer nichts sucht, kann höchstens mit viel Glück etwas finden. Ich will dir einmal sagen, womit ich so alles Geld verdiene: Ich habe eine eigene Firma.«

»Du bist doch erst zwölf Jahre alt – genau wie ich«, rief ich verwundert.

»Trotzdem habe ich eine Firma. Ich trage Brötchen aus und ich habe schon vierzehn Kunden«, erklärte er.

»Tolle Firma« – jetzt war es an mir zu lachen. »Du bist so etwas wie ein Zeitungsjunge. Nur statt Zeitungen trägst du Brötchen aus.«

»Puppengehirn«, knurrte Marcel. »Es ist anders, als du denkst. Ich trage die Brötchen nämlich nur am Sonntag aus. Da kosten sie mehr als unter der Woche und die meisten Leute haben keine Lust die Brötchen kaufen zu fahren. Also biete ich an, ihnen ihre Bestellung nach Hause zu bringen. Unser Bäcker ist ein netter Mann, der mir gute Ideen gegeben hat. Er verkauft mir die Brötchen zum gleichen Preis, den sie normalerweise während der Woche kosten. Also verdiene ich pro Brötchen ca. zwanzig Pfennig. Außerdem erhalte ich von den Kunden pro Bestellung eine Fahrtkostenpauschale in Höhe von einer Mark fünfzig. Ich habe pro Sonntag nicht mehr als zwei bis drei Stunden Arbeit und verdiene so über hundertvierzig Mark im Monat.«

»Hundertvierzig Mark! Das ist ja Wahnsinn«, rief ich begeistert.

»Und das ist noch nicht alles«, ereiferte sich Marcel. »An drei Nachmittagen arbeite ich in unserem Altenheim.«

»Du arbeitest wo?«, fragte ich verblüfft.

»Im Altenheim. Ich gehe für die alten Leute einkaufen oder mit ihnen spazieren. Manchmal unterhalte ich mich auch einfach nur mit ihnen oder spiele mit ihnen. Dafür bekomme ich von der Heimleitung zehn Mark pro Stunde. Dadurch verdiene ich pro Woche noch einmal siebzig bis neunzig Mark. Das sind im Monat meistens dreihundert Mark.«

Ich war begeistert: »Das sind ja zusammen über vierhundert Mark im Monat. Das ist ja echt cool.« Ich überlegte einen Moment: »Aber bei mir ist kein Altenheim in der Nähe...«

»Und du heißt nicht Marcel und du bist nur ein Mädchen«, hänselte er mich. »Du musst halt weniger darüber nachdenken, was nicht geht. Du musst nach Möglichkeiten suchen, die gehen.«

Da war es schon wieder. Ich musste an die Geschichte von Daryl denken. Der hatte sich darauf konzentriert, was er weiß, hat und kann. Und ich hatte mich auf das Altenheim konzentriert, das es bei uns nicht gab. Das war unüberlegt. Auch Money hatte mit mir immer wieder darüber gesprochen.

Marcel unterbrach meine Gedanken: »Am besten du wirst dir klar darüber, was du gerne machst. Und dann überlegst du, wie du damit Geld verdienen kannst. So bin ich ja überhaupt erst auf den Brötchenservice gekommen. Ich fahre sowieso gerne Fahrrad. Jetzt kann ich damit Geld verdienen. Das ist ein irres Gefühl. Echt stark. Übrigens klingele ich jeden Tag bei einigen Leuten und frage sie, ob sie nicht auch die Brötchen gebracht haben wollen. Mein Ziel ist es, fünfzig Kunden zu haben. Dann hätte ich über fünfhundert Mark im Monat damit verdient.«

Ich war wirklich beeindruckt. Aber was hatte ich für Möglichkeiten? »Ich glaube, mir fällt nichts ein, was ich tun könnte«, seufzte ich.

»Was machst du denn gerne?«, fragte Marcel.

»Ich schwimme gerne und spiele gerne mit P...« – schnell verbesserte ich mich – »ich spiele gerne mit putzigen Hunden.«

»Na also!«, rief Marcel eifrig, »und wie kannst du damit Geld verdienen?« »Mit Hunden Geld verdienen?« Ich hörte mich wohl nicht sehr intelligent an. »Puppengehirn!«, rief Marcel. »Du musst doch jeden Tag mit deinem Hund spazieren gehen.«

»Ich muss nicht, ich gehe gerne mit Money spazieren«, widersprach ich. »Und nenne mich nicht Puppengehirn!«

»Eben!«, rief Marcel. »Dann kannst du doch gleichzeitig noch einen anderen Hund ausführen. Und das lässt du dir bezahlen.«

Ich war begeistert: »Das ist genial. Du bist vielleicht ein Froschgesicht, aber ein kluges Kerlchen.« Ich bedankte mich noch schnell und hängte ein. Denn jetzt musste ich sofort Pläne machen.

Ich kannte so ziemlich jeden Hund in der Nachbarschaft und die Hunde kannten mich auch. Und ich mochte die meisten unheimlich gerne. Und dass ich jetzt Geld verdienen könnte, mit ihnen spazieren zu gehen...

Viele Dinge schossen mir durch den Kopf. Bis vor kurzem hatte ich noch gedacht, meine ganze Verwandtschaft sei ziemlich arm. Seit ich mich aber auf Geld konzentrierte, dachte ich anders. Und so habe ich Marcel »entdeckt«. Die Sache mit dem Konzentrieren war schon beeindruckend. Und wer weiß, wohin das alles noch führt. Ich musste wieder an Daryl denken.

Irgendwann musste ich eingeschlafen sein.

Am nächsten Tag in der Schule dachte ich weiter über meine Pläne nach. Es gab in unserer Nachbarschaft »Napoleon«, einen Mischling aus Schäferhund, Rottweiler und noch etwas. Sein Besitzer sah aus wie ein Werwolf. Seit einiger Zeit ging seine Frau mit Napoleon spazieren und die war gar nicht sehr glücklich darüber. Der Hund hörte auch nicht gut, und wenn man nicht aufpasste, dann lief er einfach weg. Vielleicht lag es auch daran, dass die Frau einfach nicht gut mit Hunden umgehen konnte. Ihr Mann hatte einen leichten Schlaganfall bekommen und konnte nicht mehr gut laufen.

Ich beschloss mit dem »Werwolf« und seiner Frau zu reden. Ich wusste aber noch nicht einmal ihren Namen.

Auf dem Heimweg machte ich also einen Umweg und ging zum Haus von Napoleon. Am Tor des Hauses verließ mich der Mut. Was sollte ich sagen? Wie viel sollte ich verlangen? Konnte ich einfach so nach Geld fragen? Ich glaube, ich wäre einfach weggerannt. Aber Napoleon, der im Garten gedöst hatte, erkannte mich und kam zum Tor gelaufen.

Er hatte die Angewohnheit laut zu heulen. Der Besitzer kam ans Fenster, um zu schauen, wer da gekommen sei. Er fragte mich nach meinem Wunsch. Das war die Gelegenheit. Jetzt oder nie. Ich nahm meinen ganzen Mut zusammen und es sprudelte aus mir heraus: »Ich möchte gerne an dem Austauschprogramm in die USA teilnehmen und dazu brauche ich Geld. Das möchte ich mir verdienen. Ich habe Ihre Frau beobachtet. Die geht, glaube ich, nicht immer gerne mit Napoleon spazieren. Da habe ich mir gedacht, ich biete Ihnen an, Napoleon jeden Tag auszuführen. Was halten Sie davon?«

Ich traute mich nicht den alten Mann anzuschauen. Mein Kopf glühte.

Mit freundlicher Stimme lud er mich ein: »Das halte ich für eine ausgezeichnete Idee. Komm doch zu uns ins Haus, dann können wir in aller Ruhe darüber sprechen.«

Die Frau öffnete die Tür und wir setzten uns in die Küche. Ich traute mich erst gar nicht den Werwolf anzuschauen. So grimmig sah er aus. Also war ich froh, dass seine Frau das Gespräch eröffnete: »Weißt du, mir ist das wirklich zu viel. Jeden Tag dreimal mit Napoleon spazieren zu gehen. Wenn ein anderer Hund kommt, dann kann ich ihn oft nicht festhalten. Traust du dir das denn zu?«

»Napoleon bleibt immer bei Money«, erwiderte ich, »und der geht ja mit. Wir können es ja einmal zusammen ausprobieren.«

»Ich habe gesehen, wie du mit Hunden umgehen kannst«, mischte sich der alte Mann ein. »Ich glaube, das kann niemand so gut wie du.« Er wandte sich an seine Frau: »Ella, da können wir vollkommen beruhigt sein. Das Mädchen ist ein Naturtalent mit Hunden. Ich glaube, sie kann fast mit ihnen sprechen.«

Ich musste ein Lachen unterdrücken. Wenn der wüsste... Vorsichtig betrachtete ich den alten Mann, während er mit seiner Frau sprach. Von nahem betrachtet schien er gar nicht so gruselig zu sein. Vielleicht ein bisschen geheimnisvoll. So als hätte er ein spannendes Leben gehabt. Aber dabei sah er sehr gutmütig aus. Und irgendwie sehr weise.

Der Mann wandte sich an mich: »Wir sollten uns zunächst einmal vorstellen. Wir heißen Ella und Waldemar Hanenkamp, ohne H nach dem A.«

»Ich heiße Kira, Kira Klausmüller«, stellte ich mich ebenfalls vor.

»Angenehm, junges Fräulein.« Herr Hanenkamp nickte würdevoll. »Dann möchte ich dir einen Vorschlag machen: Du gehst jeden Nachmittag mit Napoleon spazieren und bürstest ihn. Außerdem bringst du ihm bei zu gehorchen.« Der alte Mann hielt für einen Moment inne: »Was verlangst du denn für deine Hilfe?«

Ich bekam einen roten Kopf. Darüber hatte ich mir noch keine Gedanken gemacht. Die beiden schauten mich erwartungsvoll an. Was sollte ich bloß vorschlagen? »Ich weiß nicht so recht«, sagte ich leise.

»Dann will ich dir einen Vorschlag machen«, sagte der Mann. »Was hältst du von zwei Mark pro Tag?«

Ich rechnete leise. Das wären ja sechzig Mark im Monat. Das war dreimal so viel wie mein Taschengeld. Mensch, war das viel Geld. Aber die beiden deuteten mein Schweigen falsch. Sie dachten, ich sei enttäuscht. Darum schlugen sie vor: »Und für jeden Trick, den du Napoleon beibringen kannst, erhältst du noch einmal zwanzig Mark.«

Diesmal beeilte ich mich: »Das finde ich ganz toll. Ich freue mich riesig darauf. Sie beide sind total nett.«

Die beiden schauten sich befriedigt an. »Gut, dann kannst du heute Nachmittag gleich anfangen«, schlug die alte Dame hoffnungsvoll vor.

»Selbstverständlich«, antwortete ich. Dann verabschiedete ich mich rasch, denn meine Mutter wartete bestimmt schon mit dem Mittagessen.

Wie berauscht lief ich nach Hause. Wie leicht das mit dem Geldverdienen sein kann, dachte ich jubelnd. Ich strahlte wie ein Honigkuchenpferd. Fröhlich sang ich vor mich hin.

Kaum war ich zu Hause, kuschelte ich Money zärtlich. Dabei flüsterte ich ihm ins Ohr, dass ich jetzt viel Geld verdienen würde. Er gab mir feierlich seine Pfote. Ich konnte sehen, wie er sich freute.

Nach dem Mittagessen rief ich sofort Marcel an. Auch ihm erzählte ich von meinem ersten Job. »Na also, Kira, es geht doch«, war alles, was er sagte. Ich war ein wenig enttäuscht, denn ich hatte erwartet, dass er mich loben würde. Aber dann fiel mir auf, dass er mich zum ersten

Mal nicht mehr »Puppengehirn«, sondern bei meinem Namen, Kira, genannt hatte. Das war schon ein gutes Zeichen.

»Aber ich möchte dich auf zwei wichtige Sachen aufmerksam machen«, hörte ich Marcels Stimme. »Erstens solltest du dich nie alleine auf einen Job verlassen. Der kann schneller zu Ende sein, als du denkst. Schaue dich also sofort nach einem zusätzlichen Job um.«

Das schien mir zwar etwas übertrieben, aber ich beschloss seinem Rat zu folgen.

»Zweitens wird es mit Sicherheit irgendwelche Probleme geben«, fuhr mein Cousin fort. »Probleme, mit denen du jetzt noch nicht rechnest. Dann zeigt es sich, ob du ein Puppengehirn-Weichei bist oder ob du es verdienst Geld zu verdienen wie ich. Wenn alles gut läuft, kann nämlich jeder Geld verdienen. Aber wenn es schwierig wird, dann zeigt es sich.«

Mit seinem zweiten Tipp konnte ich nicht viel anfangen. Trotzdem bedankte ich mich höflich und ging mit Money zu Napoleon. Wie ich es vermutet hatte, war Napoleon ein ganz lieber Kerl. Er freute sich riesig, dass er mit Money spielen konnte. Die beiden jagten dem Bällchen hinterher, das ich mitgebracht hatte, bis sie erschöpft waren.

Wenn wir an anderen Hunden vorbeikamen, hielt ihn allerdings nichts mehr. Ich beschloss ihm in den nächsten Tagen als Erstes beizubringen, sich auf Kommando zu setzen und hinzulegen. Dann würde ich ihm zeigen, dass er sich brav hinlegen sollte, wann immer ein anderer Hund ihm begegnete.

Als ich schließlich wieder nach Hause kam, war meine Tante Erna zu Besuch. Sie wohnte zwar nur fünfunddreißig Kilometer von uns entfernt, aber wir hatten sie eine ganze Zeit nicht mehr gesehen. Seit wir Money hatten, war sie nicht mehr hier gewesen.

Während wir uns begrüßten, fiel ihr Blick auf den weißen Labrador. Meine Mutter erklärte ihr, dass uns dieser Hund zugelaufen sei und dass wir den Besitzer nie haben ausfindig machen können. Sie schaute ihn sich sehr intensiv an. Ihre Stirn kräuselte sich. Irgendetwas schien nicht in Ordnung zu sein.

»Wie lange habt ihr den Hund schon?«, fragte sie, ohne ihre Augen von Money zu nehmen.

»Ungefähr neun Monate«, erwiderte meine Mutter.

»Ich glaube, ich habe eine wichtige Nachricht für euch«, sagte Tante Erna mit ernster Stimme. »Ich bin mir ziemlich sicher, dass ich weiß, wem der Hund gehört!«

»Mir gehört er«, rief ich schnell.

»Nein, er gehört einem Mann, der bei uns in der Nähe wohnt«, beharrte meine Tante.

Die nackte Angst breitete sich in mir aus. »Er gehört jetzt aber uns, weil er schon so lange bei uns ist«, schrie ich trotzig.

Meine Mutter schaute mich streng an: »Schrei deine Tante nicht an! Wo bleiben denn deine Manieren!«

In meinem Kopf rauschte es. Mein Magen drehte sich herum. Ich empfand ein Gefühl der Panik und der Ohnmacht. Wie von weit weg hörte ich meinen Vater sagen: »Dann werden wir gleich morgen mit Money zu diesem Herrn fahren und die Angelegenheit in Ordnung bringen.«

Mehr musste ich nicht wissen. Ich stürmte aus dem Zimmer. Money lief hinter mir her. Kaum hatte ich mein

Zimmer erreicht, schloss ich mich ein. Ich warf mich auf mein Bett und war wie betäubt. Aber eines wusste ich genau: Niemals würde ich Money wieder hergeben. Wir gehörten zusammen. Nachdem, was wir alles zusammen erlebt hatten. Lieber würde ich mit Money weglaufen.

Money legte seinen Kopf auf meine Beine und schaute mich an. Ich musste gar nicht seine Stimme hören. Sein Blick sagte mir genug. Er würde nicht von mir gehen.

Moneys früherer Besitzer

Am nächsten Tag wollte ich nicht in die Schule gehen. Ich hatte Angst, dass Money nicht mehr da sein würde, wenn ich wiederkommen würde. Aber mein Vater versprach mir, mit mir zusammen zu dem Nachbarn meiner Tante zu fahren.

Monika war es inzwischen gewöhnt, dass ich nicht mehr die Gesprächigste war. In der dritten Stunde aber konnte ich meine Probleme nicht mehr für mich behalten. Ich teilte ihr mit, welche schlimme Nachricht meine Tante verbreitet hatte. Monika fühlte mit mir.

»Wenn du Money verstecken musst, dann kann er gerne bei uns bleiben«, bot sie an. Ich war unglaublich erleichtert. Ich fühlte jetzt, dass ich irgendeine Lösung finden würde.

Trotzdem hatte ich ein ganz flaues Gefühl im Magen, als wir uns auf den Weg zum Haus meiner Tante machten. Mit ihr zusammen fuhren wir dann zu ihrem Nachbarn. Bald kamen wir an eine riesige Villa, die mitten in einem herrlichen Park stand. Ein Pförtner öffnete das Tor und wir fuhren langsam auf das Gebäude zu.

»Wer auch immer hier wohnt, hat sehr, sehr viel Geld«, staunte mein Vater. Meine Tante erklärte: »Herr Goldstern hat ein riesiges Vermögen an der Börse verdient. Ich habe aber gehört, dass er vor einiger Zeit einen Unfall hatte. Ich weiß gar nicht, ob er schon wieder aus dem Krankenhaus heraus ist.«

Ich schlang meine Arme um Money und hoffte, dass Herr Goldstern sich samt seiner Villa in Luft auflösen würde.

Eine Hausangestellte in Uniform war von dem Pförtner von unserem Kommen unterrichtet worden und öffnete die Haustür. Nachdem wir aus dem Auto ausgestiegen waren, erklärte meine Tante den Grund unseres Kommens. Bald standen wir vor Herrn Goldstern. Er war ein kleiner Mann mit einem sehr lieben Gesicht. Ich hatte mir eigentlich vorgenommen ihn zu hassen. Aber zu meiner Verwunderung mochte ich ihn sofort. Und er war auch sehr klug. Er erkannte sofort, dass ich diejenige war, die die engste Beziehung zu Money hatte.

»Wie hast du unseren Liebling denn genannt?«, fragte er mich mit einer netten Stimme. Ich konnte nicht antworten. Mich überkam die Erkenntnis, dass Money früher ja einen anderen Namen gehabt haben muss.

»Money«, erwiderte mein Vater.

»Money, das ist gut. Das ist sogar sehr gut«, freute sich Herr Goldstern. »Das gefällt mir viel besser als sein alter Name. Ich schlage vor, wir bleiben bei Money.«

Ich schaute mir den Mann verwundert an. Er klang sehr vernünftig. Ich fand auch, dass wir unbedingt bei dem Namen Money bleiben sollten.

Herr Goldstern führte uns ins Wohnzimmer. Er erzählte uns, dass er mit dem Labrador im Auto einige Kilometer von dem Ort, an dem wir wohnen, unterwegs gewesen war und einen Unfall hatte. Dabei wurde er ziemlich schwer verletzt und hatte das Bewusstsein verloren. Er war erst im Krankenhaus wieder aus seiner Ohnmacht aufgewacht. Seinen Hund hatte er seitdem nicht mehr gesehen. Er musste einige Monate im Krankenhaus bleiben und hatte nach dem Labrador forschen lassen. Aber niemand hatte irgendetwas von dem Tier gehört.

»Money muss versucht haben nach Hause zu laufen. Dabei ist er bestimmt von einem anderen Hund angefallen worden und hat sich in unseren Garten geschleppt.« Ich erzählte ihm, was ich von Money wusste. Auch dass er beinahe ertrunken wäre. Davon, dass Money sprechen konnte, sagte ich natürlich nichts. Ich hatte zwar das Gefühl, dass ich Herrn Goldstern trauen konnte, aber man konnte ja nie wissen...

Herr Goldstern erhob sich aus seinem Sessel und kam auf mich zu. Erst jetzt bemerkte ich, dass er nur mit Schwierigkeiten laufen konnte. Das war wahrscheinlich eine Folge seines Unfalls. Er ergriff meine Hände und schaute mich dankbar an: »Ich bin ja so froh, dass du unseren Liebling gefunden hast. Ich weiß, dass er es sehr gut bei dir hat. Mir fällt ein riesengroßer Stein vom Herzen.«

Ich wurde rot. »Ich habe Money eben sehr, sehr gern«, stammelte ich verlegen.

»Das fühle ich und darüber freue ich mich ja so«, erklärte mir der Mann. »Denn ich muss mich noch einer ganzen Reihe von Behandlungen unterziehen. Als Nächstes muss ich noch einmal für viele Wochen in eine Rehaklinik gehen. Ich wäre darum außerordentlich erleichtert, wenn du dich weiter um B... – ich meine um Money – kümmern würdest. Selbstverständlich komme ich für alles auf.«

Mein Herz raste vor Freude. Money konnte bei mir bleiben. Aber dann tat mir plötzlich der Mann Leid. »Sie haben Money bestimmt ganz doll vermisst, nicht wahr?«, fragte ich.

»Allerdings«, seufzte Herr Goldstern. »Darum möchte ich dich um einen Gefallen bitten: Würdest du mich einmal in der Woche mit Money in der Klinik besuchen kommen? Mein Fahrer würde euch abholen und wieder nach Hause bringen.«

»Gerne«, beeilte ich mich zu sagen. Und wirklich wollte ich dem Mann gerne diesen Gefallen tun. Außerdem mochte ich ihn immer mehr.

Herr Goldstern wandte sich an meinen Vater: »Wären Sie damit einverstanden, dass der Hund bei Ihnen bleibt und dass mich Kira und er einmal pro Woche besuchen? Ich komme selbstverständlich für alle Kosten auf. Damit meine ich die Aufwendungen, die sie in der Vergangenheit hatten, und die zukünftigen.«

Mein Vater protestierte schwach, dass eine Kostenerstattung nicht nötig sei. Aber Herr Goldstern beharrte energisch. Ich bemerkte bewundernd, wie viel Autorität er hatte. Irgendwie freute ich mich schon darauf, ihn einmal pro Woche besuchen zu gehen. Er war so ganz anders als die anderen Menschen, die ich kannte. Herr Goldstern wirkte auf einmal sehr müde. Offensichtlich hatte ihn die Unterhaltung mehr angestrengt, als wir bemerkt hatten.

Meine Tante schlug vor, dass wir uns langsam auf den Heimweg machen sollten. Herr Goldstern nahm das dankbar auf. Money legte ihm kurz vorsichtig seinen Kopf auf die Beine. Der Hund spürte, dass Herr Goldstern sehr schwach war. Dieser läutete und blitzartig erschien die Hausangestellte. Wir verabschiedeten uns und sie brachte uns zur Tür.

Wir hatten meine Tante in ihrer Wohnung abgeladen und waren direkt nach Hause gefahren. Während mein Vater meiner Mutter erklärte, was sich alles ereignet hatte, ging ich mit Money direkt in den Wald. Es gab so viel zu fragen.

Endlich kamen wir an unserem Versteck an. Ich deckte die Zweige vor dem Eingang weg und wir krochen durch die Höhle in der Hecke zu unserem Innenraum.

Kaum waren wir dort angekommen, hörte ich Moneys Stimme: »Ich bin froh, dass du dich mit Herrn Goldstern so gut verstehst. Er ist ein toller Mann. Ich habe viel von ihm gelernt.«

Ich war überrascht. Dass Money auch einmal etwas lernen musste. Aber klar. Er war ja nicht klug geboren worden.

»Sag mal, warum hast du mir nie von Herrn Goldstern erzählt?«, fragte ich.

»Wir hatten doch beschlossen, nur über Geld zu reden«, erwiderte Money.

»Ja, aber du musst ihn doch vermisst haben«, fragte ich ungläubig.

»Bei dem Unfall habe ich gedacht, mein Herrchen sei tot«, erklärte mir Money. »Überall war Blut und er lag völlig regungslos. Ich war auch ganz benommen. Ich schleppte mich unter einen Busch und habe das Bewusstsein verloren. Ich muss sehr lange geschlafen haben. Denn als ich wieder aufwachte, waren mein Herrchen und das Auto weg. Ich habe nicht gedacht, dass ich ihn jemals wiedersehen würde.«

Jetzt wurde mir einiges klar.

Money fuhr fort: »Nun wollen wir aber wieder über Geld reden und über nichts anderes. Wenn du sonst noch etwas wissen willst, dann frage mein Herrchen, wenn wir ihn das nächste Mal besuchen.«

Mir stand eigentlich gar nicht der Sinn nach dem Thema Geld. So viel Spannendes war geschehen. Und eigentlich wollte ich die Gelegenheit nutzen und Money fragen, warum er denn sprechen konnte.

Aber Moneys Stimme klang sehr bestimmt: »Wir wollen uns darum kümmern, dass deine Eltern weniger finanzielle Probleme haben. Aber vorher lasse uns wiederholen, was wir bisher besprochen haben. Wie steht es um dein Traumalbum?«

Ich wurde rot: »Ich habe es begonnen. Aber mir fehlten die passenden Bilder von einem Laptop und von San Francisco. Auch für meine Traumdosen. Ich wollte mir diese Bilder besorgen. Das habe ich ganz vergessen.«

Money schaute mich kritisch an und fuhr unerbittlich fort: »Hast du visualisiert? Und was ist mit deinem Erfolgs-Journal. Hast du gestern etwas hineingeschrieben?«

»Da hatte ich ganz andere Sorgen«, murmelte ich. »Ich hatte Angst, dass ich dich verlieren würde. Da konnte ich mich nicht auf diese Dinge konzentrieren.«

»Das verstehe ich«, antwortete Money. »Aber das ist eben genau der Fehler, den viele Menschen machen, die nicht genug Geld haben. Sie haben immer so viel dringende Dinge zu tun, dass sie keine Zeit haben, sich um die wichtigen Dinge zu kümmern.«

»Das verstehe ich nicht«, teilte ich Money mit. »Was gab es denn Wichtigeres, als dass du bei mir bleibst.«

»Ich habe doch gesagt, dass ich dich verstehe«, hörte ich seine Stimme. »Aber wie war es, bevor deine Tante zu Besuch gekommen war? Welche Ausrede hast du da?«

»Da war ich so glücklich, dass ich so viel Geld verdienen kann, indem ich Napoleon ausführe«, erwiderte ich.

Money schaute mich ernst an: »Dazu möchte ich dir drei ganz wichtige Dinge sagen: Erstens solltest du deine Vorsätze auch dann umsetzen, wenn du Probleme hast. Denn jeder kann solche Dinge tun, wenn alles in Ordnung ist. Aber wenn wirkliche Probleme auftauchen, dann zeigt es sich. Nur wenige haben dann die Konsequenz und ziehen ihre Vorsätze durch. Und Menschen, die besonders viel Geld verdient haben, waren sogar in der Lage, ihre beste Arbeit zu tun, wenn sie die meisten Probleme hatten.«

Ich überlegte. Das hatte ich schon einmal gehört. Wer hatte noch darüber gesprochen? Richtig, Marcel. Mit seinem geheimnisvollen zweiten Rat: »Wenn es gut läuft, kann jeder Geld verdienen. Aber wenn es schwierig wird, dann zeigt es sich.« Ich merkte, dass ich noch viel zu lernen hatte.

Money nickte mir zu. »Probleme wird es immer geben. Trotzdem solltest du die Dinge jeden Tag tun, die für deine Zukunft wichtig sind. Das kostet dich nicht einmal zehn Minuten. Aber diese zehn Minuten machen den ganzen Unterschied aus. Die meisten Menschen bleiben, wie sie sind, weil sie sich nicht diese zehn Minuten nehmen. Sie wollen immer, dass sich die Umstände für sie ändern. Und dabei übersehen sie, dass sie sich zuerst selber ändern müssen.«

Der Labrador fuhr nach einer kurzen Pause fort: »Diese zehn Minuten sind dazu da, um dich zu verändern. Am besten, du versprichst dir selbst hoch und heilig, von jetzt ab immer in dem Journal zu schreiben und zu visualisieren. Und zwar egal, was passiert. Jeden Tag.«

Ich hob meine rechte Hand zum Schwur. Ich wollte von jetzt ab jeden Tag in meinem Journal schreiben und visualisieren. Dazu verpflichtete ich mich.

»Zweitens«, fuhr Money unerbittlich fort, »solltest du diese wichtigen Dinge auch dann tun, wenn es sehr gut läuft.« Ich schaute ihn verwundert an. Was meinte er wohl damit?

»Als du den Job mit Napoleon bekommen hast, warst du so sehr in Feierstimmung, dass du auch nicht daran gedacht hast. Du siehst, es gibt also tausend Dinge, die einen ablenken können. Darum solltest du einen festen Zeitpunkt am Tag festlegen, wann du regelmäßig diese Dinge machst«, schlug Money vor.

Ich grübelte. Das war gar nicht so einfach. Abends war ich vielleicht zu müde. Tagsüber gab es immer etwas anderes. Da blieb eigentlich nur der Morgen. Dann müsste ich aber früher aufstehen …

»Vergiss nicht, es sind nur zehn Minuten«, Money las wieder meine Gedanken.

Ich war einverstanden. Aber ich wusste, dass das nicht einfach werden würde. Ich beschloss von jetzt ab zehn Minuten früher aufzustehen, mich schnell zu waschen, damit ich wach würde, und dann in meinem Journal zu schreiben.

»Und dann noch etwas«, fuhr Money unbarmherzig fort. »Weißt du, warum du dir die Bilder nicht besorgt hast?« Der Labrador gab sich selbst die Antwort: »Weil du dich nicht an die 72-Stunden-Regel gehalten hast!«

»72-Stunden-Regel?«, fragte ich, den Hund nachäffend.

»Ganz einfach. Wenn du dir etwas vornimmst, dann musst du es innerhalb von 72 Stunden tun. Sonst tust du es höchstwahrscheinlich nie.«

Ich überlegte. Könnte sein, dass da etwas dran war? Ich habe mir in meinem Leben schon viele Dinge vorgenommen, die ich nicht getan habe. Andererseits habe ich auch eine Menge getan. Schon möglich, dass Money Recht hatte. Und da er eigentlich immer Recht hatte, beschloss ich seinem Rat zu folgen. Ich wollte alles, was ich mir vornehme, innerhalb von 72 Stunden tun.

SCHULDEN –
WAS MEINE ELTERN FALSCH MACHEN

Plötzlich dachte ich an Napoleon. Oh verflixt, den hatte ich auch ganz vergessen.

Ich schlug Money vor, schnell zum Haus von Herrn und Frau Hanenkamp zu laufen und Napoleon auszuführen. Wir beschlossen erst nach dem Abendessen über die Schulden meines Vaters zu sprechen. Das würde bestimmt ganz schön spannend. Immerhin war es ja einer meiner drei größten Wünsche, meinen Eltern mit ihren Schulden zu helfen. Und Money hatte gesagt, dass das ganz einfach sei. »Mensch, das wäre ja ein Ding, wenn ich Vater und Mutter helfen könnte«, dachte ich. Ich grinste vergnügt vor mich hin. Money begleitete mich natürlich.

Herr Hanenkamp wartete schon am Fenster. Kaum sah mich Napoleon, fing er vor Freude an zu jaulen. Ich begrüßte seine Besitzer und ging mit den beiden Hunden in den Wald. Wir hatten aber den Wald noch kaum betreten, da lief der Mischling wie von der Tarantel gestochen davon. Er hatte ein Kaninchen gesehen und jagte ihm hinterher.

Ich pfiff, damit er umkehren würde. Aber Napoleon hörte nichts und niemanden. Er sah nur noch das Kaninchen. Mir blieb nichts anderes übrig als zu warten. Ich schwor mir Napoleon als Erstes das Gehorchen beizubringen.

Nach mindestens fünf bis zehn Minuten kam er endlich zurück. Anschließend übten wir den halben Nachmittag. Ich lobte ihn für die kleinsten Fortschritte und belohnte ihn oft. Außerdem führte Money jeden Befehl, den ich gab, ebenfalls aus. Das half ganz erheblich. Jedenfalls machte Napoleon nach einigen Stunden schon ganz gut »Sitz«.

Ich brachte ihn nach Hause und führte Herrn und Frau Hanenkamp stolz vor, was ihr Hund gelernt hatte. Frau Hanenkamp wollte es gar nicht glauben. Freudig erregt klatschte sie in die Hände: »Ich dachte schon, bei Napoleon sei Hopfen und Malz verloren. Aber er macht ja richtig ›Sitz‹! Fantastisch.«

Auch Herr Hanenkamp lächelte befriedigt. Er freute sich, dass er mit seiner Einschätzung Recht gehabt hatte. Schließlich hatte er ja vorgeschlagen, dass ich Napoleon dressieren sollte. Er griff in seine Hosentasche und zog feierlich seine Geldbörse. Der entnahm er einen Zwanzig-Mark-Schein und überreichte ihn mir.

Als ich den Schein in der Hand hatte, schämte ich mich. »So viel Geld für so wenig Aufwand. Und dann noch dazu etwas, dass mir so viel Spaß gemacht hatte«, dachte ich.

Herr Hanenkamp schaute mich etwas enttäuscht an: »Ich dachte, du freust dich über das Geld. Aber du siehst gar nicht so glücklich aus.«

»Irgendwie ist es so leicht gegangen«, antwortete ich verlegen.

Herr Hanenkamp fing schallend an zu lachen. Jetzt sah er schon recht Furcht erregend aus. Sein Gesicht verzog sich zu einer Fratze. Aber er beruhigte sich bald und schaute mich lächelnd an. Sofort wirkte er wieder sympathisch. »Die meisten Menschen denken, Arbeit muss etwas Unangenehmes und Hartes sein«, erklärte er. »Dabei kann man nur dann richtig erfolgreich sein, wenn man etwas tut, das man auch richtig mag.«

Herr Hanenkamp entnahm meinem fragenden Gesichtsausdruck, dass ich nicht so richtig begriffen hatte. Er sah mich abwartend an. »Meine Mutter sagt immer: Erst die Arbeit und dann das Spiel. Was Sie gerade sagten, hört sich ganz anders an.«

»Kennst du denn jemand, der Geld mit etwas verdient, das er gerne tut?«, fragte mich der alte Mann.

Mir fiel sofort Marcel ein. Der fuhr gerne Fahrrad und hatte seinen Brötchenservice gegründet. Ich erzählte Herrn Hanenkamp von meinem Cousin. Der nickte anerkennend: »Ein gutes Beispiel. Mir scheint, der wird es noch weit bringen. Bei Gelegenheit erzähle ich dir einmal aus meinem Leben. Ich habe nämlich immer getan, woran ich Spaß hatte. Und dadurch habe ich immer viel Geld verdient.«

Neugierig schaute ich den alten Mann an. Irgendwie sah sein Gesicht aus wie ein Abenteuerbuch. Er musste wirklich sehr viel erlebt haben und ein spannendes Leben gehabt haben.

Jetzt wurde es aber Zeit, dass ich mich verabschiedete. Meine Mutter wartete schon mit dem Essen. Es gab eines meiner Lieblingsgerichte: Nudelauflauf und zum Nachtisch Schokoladenpudding. Trotzdem war ich nicht so richtig bei der Sache. Das war ja auch kein Wunder, wenn man überlegt, was ich in kurzer Zeit alles erlebt hatte. Über eines jedenfalls war ich mir sicher: Wer sich für Geld interessiert, der hat ein spannenderes Leben und lernt ganz schön interessante Leute kennen.

Schnell erledigte ich noch meine Schulaufgaben. Anschließend lief ich mit Money in den Wald zu unserem Versteck. Ich konnte es kaum erwarten zu lernen, wie ich meinen Eltern helfen könnte.

Allerdings hatte ich ein Problem. Ich wusste eigentlich so gut wie nichts über die finanzielle Situation meiner Eltern. Zumindest nichts Genaues. Ich wusste nur, dass sie Probleme hatten. Und sie redeten oft darüber, dass die Raten für ihre Kredite so hoch seien, dass sie kaum zu bezahlen wären. Also teilte ich dem Hund alles mit, was ich wusste.

»Mein früheres Herrchen, Herr Goldstern, hat eine Firma, die Menschen berät, wie sie besser mit ihren Finanzen umgehen können«, begann Money bedeutungsvoll. »Herr Goldstern selber berät zwar nur sehr reiche Kunden, aber die vielen Mitarbeiter seiner Firma arbeiten auch mit vielen Menschen, die ziemlich große Probleme haben. Da ich immer überall hingehen durfte, habe ich oft zugehört. Menschen mit Schulden müssen im Grunde genommen nur vier wichtige Tipps umsetzen. Eigentlich ist es ganz einfach zu verstehen.«

Money holte tief Luft und erklärte: »Hier sind die vier Grundsätze:

Erstens: Wer Schulden hat, sollte alle Kreditkarten zerreißen.«

»Warum das denn?«, fragte ich verwundert.

»Weil die meisten Menschen mit Kreditkarten viel mehr Geld ausgeben, als wenn sie mit Bargeld bezahlen müssten«, erwiderte Money.

Ich beschloss mir diese Tipps aufzuschreiben. Denn ich war mir nicht sicher, ob ich sonst alles behalten können würde.

Money fuhr fort: »Der zweite Tipp klingt ein wenig komisch für die Erwachsenen: Sie sollten so wenig wie möglich von ihren Krediten zurückzahlen. Die Erwachsenen nennen das Raten. Je höher diese Raten sind, desto weniger Geld haben sie pro Monat zum Leben.«

»Warum haben meine Eltern denn eine so hohe Rate?«, fragte ich verwundert. Ich erinnerte mich, dass Money den Nagel auf den Kopf getroffen hatte. Denn meine Eltern klagten immer darüber, dass sie so viel Geld für ihre Kreditraten aufbringen mussten.

»Weil sie denken, sie würden dann Zinsen sparen«, erwiderte Money. »Angenommen, du hast einen Kredit über 10.000 Mark. Dann musst du jedes Jahr alleine 600 Mark an Zinsen zahlen. Außerdem musst du pro Jahr einen gewissen Teil der 10.000 Mark zurückbezahlen. Man nennt das Tilgung. 1% Tilgung bedeutet, dass du pro Jahr 1% von den 10.000 Mark zurückzahlen musst. Also 100 Mark. Die Rate beträgt also 600 Mark für die Zinsen und 100 Mark für die Tilgung. Das macht 700 Mark. Sobald du aber den Kredit zurückbezahlt hast, musst du natürlich auch keine Zinsen mehr bezahlen.«

»Klingt doch ganz logisch, dass man dann die 10.000 bald zurückzahlen will«, dachte ich. »Denn man muss ja mehr Zinsen bezahlen, als man zurückzahlt.«

»Auf den ersten Blick ja«, stimmte Money mir zu, »wer eine Tilgung von 1% vereinbart, der bezahlt im Laufe der Jahre dreimal so viel Zinsen wie die Höhe des Kredits, den er aufgenommen hat. Aber um die 10.000 Mark schnell zurückzahlen zu können, muss man natürlich pro Jahr eine höhere Rate bezahlen. Viele Menschen vereinbaren mit der Bank dann eine so hohe Rate, wie sie gerade noch bezahlen können. Dadurch ist das Geld immer knapp. Und meistens haben sie unterschätzt, wie teuer das Leben ist. Wenn dann ein neues Auto hermuss oder irgendetwas im Haus kaputtgeht, dann nehmen sie einen neuen Kredit auf, um diese Dinge bezahlen zu können.«

»Du meinst, sie bezahlen dann den alten Kredit, indem sie einen neuen aufnehmen?«, staunte ich.

»Genau«, antwortete Money und ich konnte ihm ansehen, dass er sich darüber freute, dass ich ihn so schnell verstanden hatte.

»Aber was sollen meine Eltern jetzt tun?«, fragte ich. »Auf mich werden sie wohl kaum hören.«

»Vielleicht kannst du sie dazu bringen, sich darüber mit Herrn Goldstern zu unterhalten. Der kann es leicht für sie regeln.«

»Vielleicht helfe ich ihnen ja auch mehr zu verdienen«, sagte ich übermütig.

»Das solltest du sicherlich tun«, hörte ich Moneys Stimme. »Aber zuerst müssen sie lernen mit dem Geld auszukommen, das sie jetzt haben. Ansonsten werden sie mit mehr Geld nur noch größere Probleme haben. Denn die Ausgaben neigen dazu, mit den Einnahmen mitzuwachsen. Außer wir lernen unser Geld einzuteilen. Aber darüber sprechen wir noch.«

Was Money erklärt hatte, leuchtete mir ein. Ich notierte mir also auf mein kleines Notizblöckchen:

1. Kreditkarten zerreißen.

2. Die niedrigste Rate nehmen, die möglich ist. Herrn Goldstern fragen, ob er meinen Eltern hilft.

Money wartete geduldig, bis ich mit dem Schreiben fertig war. Dann kam er zum dritten Punkt: »Der dritte Tipp gilt für die Konsumschulden. Damit sind Schulden gemeint, die nichts mit dem Haus zu tun haben. Wenn man also Kredite aufnimmt für ein neues Auto, für Möbel, einen Fernseher oder einfach zum Leben. Da sollten verschuldete Menschen die Fifty-fifty-Regel beachten. Sie sollten nämlich von allem Geld, das sie nicht zum Leben brauchen, die Hälfte sparen. Die andere Hälfte ist dann für die Schulden da.«

»Meine Oma sagt aber immer, man sollte so schnell wie möglich seine Schulden abbezahlen«, erinnerte ich mich. »Dann müsste man aber alles Geld, das man nicht zum Leben braucht, dafür aufwenden.«

»Und was hast du erreicht, wenn du die Schulden abbezahlt hast?«, fragte mich Money.

»Meine Eltern sagen immer, dass ihnen dann eine große Last von den Schultern genommen wäre«, versuchte ich es zu erklären.

»Das denken sie«, pflichtete der Hund mir bei. »Tatsächlich aber hätten sie, wenn sie ihre Schulden abbezahlt haben NULL, und Null ist nichts. Und nichts ist kein Ziel.«

Ich staunte: »Was ist denn dann ein Ziel?«

»Nach Amerika zu reisen, der Laptop – das sind Ziele«, erläuterte Money geduldig. »Oder überhaupt eine Summe Geld anzusparen, die man nicht ausgibt.«

»Wofür soll man denn Geld ansparen, wenn man es nicht ausgibt?«, fragte ich verblüfft.

»Das erkläre ich dir in einigen Tagen«, vertröstete mich der Labrador. »Jetzt noch einmal zurück zu den Schulden: Deine Eltern sollten also beginnen zu sparen. Sie brauchen damit nicht zu warten, bis sie ihre Schulden bezahlt haben. Sie können gleich jetzt beginnen. Nur so werden sie in der Lage sein, sich Wünsche zu erfüllen, die sie nicht mit einem neuen Kredit bezahlen. Sie können dann die Dinge ohne schlechtes Gewissen viel besser genießen.«

»Du meinst, sie sollten sich ruhig eine Traumdose anlegen«, schlug ich vor. Money nickte: »Das wäre gar keine schlechte Idee. Übrigens sind alle Konsumschulden dumme Schulden. Viel klüger ist es nur das Geld auszugeben, das man vorher angespart hat.«

Das leuchtete mir alles gut ein. Also notierte ich:

3. Fünfzig Prozent von allem verfügbaren Geld sparen und die anderen fünfzig Prozent für die Konsumschulden nehmen. Konsumschulden am besten gar nicht erst machen.

»Und dann noch ein letzter Tipp.« Moneys Augen blitzten lustig. »Wer Schulden hat, sollte sich einen Zettel in die Geldbörse kleben, auf dem steht: IST DAS WIRKLICH NOTWENDIG? Dadurch wird man spätestens an der Kasse daran erinnert nicht zu viel auszugeben.«

»Das gilt für alle, die keinen Hund haben wie ich«, lachte ich. Money wedelte freudig mit dem Schwanz. Übermütig leckte er mir über mein Gesicht. Ich gab ihm einen Klaps. Dann notierte ich den vierten Punkt:

4. »IST DAS WIRKLICH NOTWENDIG?«

Jetzt hatte ich aber eine Menge über Schulden gelernt. Aber das war der leichte Teil, verglichen mit der Aufgabe, dies nun meinen Eltern beizubringen. Ich war froh, dass Money vorgeschlagen hatte Herrn Goldstern zu bitten, mit meinen Eltern darüber zu reden. Dazu kannte ich ihn aber noch nicht gut genug. Also beschloss ich damit einige Zeit zu warten.

Aber ich nahm mir etwas fest vor: Ich würde niemals solche Schulden machen. Ich würde immer vorher für etwas sparen. Ich wollte nie in solche Probleme hineingeraten wie meine Eltern.

Bei Herrn Goldstern

Die nächsten Tage vergingen wie im Flug. Ich konnte mich wieder besser auf die Schule konzentrieren und trainierte mit Napoleon. Am Ende der ersten Woche hatte ich von Herrn Hanenkamp vierzehn Mark bekommen. Das waren die zwei Mark pro Tag mal sieben Tage. Außerdem hatte ich noch sechzig Mark für die drei Tricks erhalten, die ich dem Mischling beigebracht hatte. Napoleon konnte jetzt »Sitz«, »Lieg« und er gab Pfötchen.

Stolz zählte ich mein Geld: Es waren vierundsiebzig Mark. Das war viel Geld. Trotzdem fühlte ich mich nicht mehr schlecht und es war mir auch nicht mehr peinlich. Denn für die Hanenkamps war das Leben mit Napoleon jetzt wirklich viel leichter.

Sie waren so zufrieden mit mir, dass sie mich gefragt hatten, ob ich ihren Hund auch noch zusätzlich morgens ausführen würde. Sie wollten mir dafür zusätzlich noch einmal zwei Mark pro Tag bezahlen. Ich hatte meine Eltern gefragt und die waren einverstanden.

Money hatte gesagt, dass er eine tolle Idee habe, was ich mit dem Geld machen könnte. Also versteckte ich es erst einmal sorgfältig zwischen alten Schulheften.

Aber etwas war fast noch spannender als so viel Geld zu verdienen. Heute war der Tag, an dem der Chauffeur von Herrn Goldstern Money und mich abholen sollte. Ich war riesig gespannt darauf, den reichen Mann besser kennen zu lernen.

Wie verabredet klingelte es pünktlich um 15.15 Uhr bei uns. Ich war überrascht: Der Chauffeur war eine ältere

Frau, die mich sofort freundlich anlächelte. Wir stiegen in den wartenden Rolls Royce. Ich sagte ihr, dass ich bisher gedacht hatte, Chauffeure müssten immer Männer sein. Sie lachte: »Herr Goldstern ist ein ganz außergewöhnlicher Mann und er macht ganz außergewöhnliche Sachen. Ihm ist ziemlich egal, was man macht. Er tut, was er für richtig hält.«

Ich war neugierig geworden. Wie als wenn die Chauffeurin das geahnt hätte, fuhr sie fort: »Er hatte zufällig mitbekommen, wie ich mich mit einer Freundin darüber unterhielt, dass ich arbeitslos sei. Obwohl er mich noch nie zuvor gesehen hatte, fragte er mich, ob ich ein Auto fahren könnte. Natürlich konnte ich das. ›Gut‹, hatte er erwidert, ›wenn sie wollen, dann haben Sie jetzt einen Job als mein Chauffeur. Ich suche nämlich gerade einen.‹ Das war alles, was er sagte. Ich musste noch nicht einmal eine Fahrprobe machen. Er kann Menschen gut beurteilen. Dabei hört er einfach auf seine Intuition.«

Ich war beeindruckt. »Hatten Sie denn keine Angst, ein so großes Auto zu fahren?«, fragte ich.

»Wissen Sie«, erklärte die Frau, »Herr Goldstern hat mir gezeigt, wie ich mein Selbstbewusstsein aufbauen könnte. Alle Menschen, die mit ihm arbeiten, schreiben ein Erfolgs-Journal.«

»Ich auch«, posaunte ich übermütig. Jetzt war es an der Chauffeurin überrascht zu sein. Stolz streichelte ich Money. Der leckte mir blitzschnell durchs Gesicht. Das musste ich ihm abgewöhnen, nahm ich mir vor.

Schließlich kamen wir im Sanatorium an. Ich mochte keine Krankenhäuser. Aber dieses sah mehr aus wie ein exklusives Ferienhotel. Das war wohl auch so ein Vorteil, wenn man viel Geld hat. Unsere Chauffeurin brachte uns zum Zimmer von Herrn Goldstern. Er saß in einem Sessel und schien bester Laune zu sein. Money sprang sofort Schwanz wedelnd auf ihn zu. Als Erstes leckte er dem Mann durchs Gesicht.

»Das macht er bei mir auch«, meldete ich mich. »Ich habe mir schon vorgenommen es ihm abzugewöhnen.«

»Ich freue mich, dass du gekommen bist«, begrüßte mich Herr Goldstern.

»Ich habe mich auch auf diesen Tag gefreut«, gab ich ehrlich zu. Dabei wusste ich noch nicht einmal, warum das so war. Ich hoffte natürlich auch zu erfahren, warum Money eigentlich sprechen konnte.

Herr Goldstern spielte eine Zeit lang vorsichtig mit dem Labrador. Offensichtlich hatte er aber noch ziemliche Schmerzen, wenn er sich zu stark bewegte. Trotzdem schien es ihm gut zu tun.

Nach einer Weile wandte er sich wieder mir zu. Ihn interessierte alles, was mit Money zusammenhing. Ich berichtete ihm, welches Futter er bekam und wie oft wir zusammen spazieren gingen. Auch dass wir zusammen Napoleon ausführten und Money mir beim Dressieren half.

Der Mann nickte befriedigt: »Ich habe mir gleich beim ersten Treffen gedacht, dass du sehr gut mit Tieren umgehen kannst. Darauf kannst du stolz sein.«

»Ich werde es sogar gleich morgen früh in mein Erfolgs-Journal schreiben«, platzte es aus mir heraus.

Herr Goldstern schaute mich überrascht an. »Du führst ein Erfolgs-Journal? Wie bist du denn darauf gekommen?«, fragte er mich.

Ich wurde rot. Wie sollte ich ihm das erklären? Ich durfte doch nicht verraten, dass Money sprechen konnte und mir viele Dinge beigebracht hatte.

Der Mann spürte, dass ich mich unwohl fühlte. Sofort verschwand der fragende Ausdruck in seinem Gesicht. »Wir müssen nicht darüber sprechen«, versicherte er mir.

»Doch, doch«, beeilte ich mich zu sagen. Ich beschloss aber ehrlich zu sein: »Ich kann Ihnen nur nicht verraten, wer mich auf die Idee gebracht hat.«

Zu meinem Erstaunen akzeptierte das Herr Goldstern ohne weiter zu fragen: »Ich habe auch meine Geheimnisse. Und ich verstehe auch, wenn meine Gesprächspartner welche haben.«

Ich hatte ein gutes Gefühl nach dieser Antwort. Offensichtlich nahm mich der reiche Mann ernst.

Herr Goldstern sah mich sinnend an: »Ich frage mich, was dich von den meisten anderen Kindern unterscheidet. Kannst du mir das sagen?«

Ich überlegte einen Moment. Bevor Money zu uns gekommen war, hätte ich darüber nicht viel sagen können. Da war ich wirklich ganz »normal«. Aber jetzt war vieles anders geworden. Also antwortete ich: »Ich denke über andere Sachen nach. Ich möchte viel Geld verdienen, weil ich nach Kalifornien fahren möchte und einen Laptop kaufen möchte.« Ich erzählte Herrn Goldstern über meine Liste von zehn Zielen, meine Traumdosen, mein Traumalbum, wie viel Geld ich in der ersten Woche mit Napoleon verdient hatte. Ich berichtete ihm auch von den Geldproblemen meiner Eltern und von Marcel.

Herr Goldstern hatte aufmerksam gelauscht. Er war ein sehr guter Zuhörer. Als ich geendet hatte, gratulierte er mir: »Kira, ich freue mich über das, was du mir erzählt hast. Ich bin mir auch sicher, dass du deine Ziele erreichen wirst. Du darfst dich nur von niemandem davon abbringen lassen.«

»Meine Mutter hat mich schon ausgelacht«, unterbrach ich ihn und erzählte ihm von dem Vorfall, als meine Mutter die Traumdosen entdeckt hatte.

»Und es werden noch ganz andere Leute über dich lachen. Aber noch viel mehr werden dich respektieren«, beruhigte mich Herr Goldstern. »Außerdem glaube ich nicht, dass deine Mutter das böse gemeint hat. Es erschien ihr wahrscheinlich einfach sehr verrückt und unrealistisch. Oft ist es leichter verrückte Ziele zu erreichen als kleine, normale Ziele. Wenn du dir große Ziele setzt, dann ist klar, dass du dich viel mehr anstrengen musst.«

Money war in den Park gelaufen und tobte durch die Büsche.

»Wir haben über einen wichtigen Punkt noch gar nicht gesprochen«, fuhr der reiche Mann nach einer Weile fort. »Du hast über eine lange Zeit hinweg Money versorgt. Die Kosten dafür würde ich dir gerne erstatten.«

»Ich habe das Futter nicht bezahlt, das waren meine Eltern. Außerdem habe ich Money sehr lieb«, erwiderte ich.

»Ich schlage vor«, fuhr Herr Goldstern unbeirrt fort, »dass ich dir für deine Eltern einen Scheck mitgebe. Außerdem solltest du deine Eltern einmal mitbringen. Vielleicht kann ich mit ihnen über ihre finanzielle Situation reden.«

Ich war unheimlich erleichtert, dass er diesen Vorschlag gemacht hatte. Denn ich hatte schon hin und her überlegt, wie ich es anstellen könnte, dass er meine Eltern einmal beraten würde.

Herr Goldstern redete weiter: »Natürlich sollst du auch etwas bekommen... Lass mich mal rechnen. Du hast auf Money eine sehr lange Zeit aufgepasst. Ziemlich genau ein Jahr. Was hältst du davon, wenn ich dir deinen Aufwand mit zehn Mark pro Tag vergüte?«

Ich war überhaupt nicht begeistert. »Ich habe es getan, weil ich Money sofort ins Herz geschlossen habe, und nicht, um damit Geld zu verdienen«, entgegnete ich erbost.

Herr Goldstern lachte. Aber ich hatte trotzdem nicht das Gefühl, dass er mich auslachte. Das war ein feiner Unterschied. Er erklärte mir: »Kira, so denken die meisten Menschen und auch ich habe einmal so gedacht. Aber sag mir einen Grund, warum du nicht Geld verdienen sollst, wenn du etwas tust, was dir Spaß macht?«

So etwas Ähnliches hatte ich schon mehrmals gehört. Richtig, Marcel hatte mir davon erzählt und auch Herr Hanenkamp. Trotzdem fühlte ich mich ein wenig schuldig.

»Ich will dir etwas sagen«, fuhr Herr Goldstern fort. »Gerade weil du unseren Money so gern hast, will ich dir die zehn Mark am Tag geben. Dadurch weiß ich, dass er es bei dir richtig gut hatte und es auch weiter gut haben wird. Gerade dein echtes Gefühl macht deine Arbeit so wertvoll.«

Ich war nicht ganz überzeugt. Aber ich konnte der Versuchung nicht widerstehen einmal auszurechnen, wie viel ich denn für das ganze Jahr bekommen würde...

Ich habe die dumme Angewohnheit leicht mit dem Kopf zu wackeln und die Augen zusammenzukneifen, wenn ich rechne. Herr Goldstern musste lachen und ich fühlte mich ertappt.

Dann aber sagte er mit ernster Stimme: »Ja, das ist viel Geld. Aber ich möchte daran einen Wunsch knüpfen: Du solltest fünfzig Prozent davon sparen.«

»Ich spare alles davon«, frohlockte ich. »Schließlich will ich ja nach San Francisco. Und zwar schon nächsten Sommer.«

»Das meine ich nicht mit sparen«, widersprach mir der Mann. »Denn das Geld wirst du ja ausgeben. Und das ist gut so, denn dafür ist es ja auch gedacht. Aber außerdem solltest du sparen, um vermögend zu werden. Du solltest Geld sparen, das du nie mehr ausgibst.«

»Aber wofür soll ich denn Geld haben, wenn ich es nicht ausgeben darf?«, fragte ich verwundert.

»Damit du davon leben kannst«, erklärte mir Herr Goldstern. »Ich möchte dir dazu eine Geschichte erzählen.«

Ich setzte mich bequem hin. Geschichten mochte ich gerne. Money war inzwischen wiedergekommen und legte sich zu uns. Er schien sehr vergnügt über das Thema zu sein, über das wir gerade sprachen.

»Es war einmal ein Bäuerlein, das wollte wie jeden Tag im Stall von seiner Gans ein Ei für das Frühstück holen. An diesem Tag jedoch fand es in dem Nest ein goldenes Ei. Es konnte es zunächst natürlich nicht glauben. Vielleicht wollte ihm jemand einen Streich spielen. Vorsichtshalber brachte es das Ei zum Goldschmied. Der bestätigte aber, dass das Ei durch und durch aus purem Gold sei. Das Bäuerlein verkaufte es und gab ein großes Fest.

Am nächsten Morgen ging es früher als sonst in den Stall und tatsächlich: In dem Nest lag wieder ein goldenes Ei. So ging das einige Tage. Der Farmer aber war ein habgieriger Mann. Er haderte mit der Gans, weil das dumme Tier ihm nicht erklären konnte, wie es die goldenen Eier zustande brachte. Dann nämlich könnte er vielleicht selber goldene Eier legen. Oder – so dachte er ärgerlich – das faule Tier könnte doch wenigstens zwei Eier pro Tag legen. Es ging ihm alles nicht schnell genug. Er steigerte sich so sehr in seine Wut hinein, dass er in den Stall lief und die Gans in zwei Teile spaltete. Fortan gab es keine goldenen Eier mehr für ihn. Die Moral von der Geschicht': Töte deine Gänse nicht.« Herr Goldstern lehnte sich abwartend zurück.

Ich war beeindruckt. »So ein dummer Mann«, rief ich aus. »Jetzt bekommt er keine goldenen Eier mehr.«

Herr Goldstern freute sich offensichtlich über meine Reaktion. Money wedelte leicht mit dem Schwanz. »Du würdest dich also nicht so verhalten?«, fragte mich der reiche Mann.

»Natürlich nicht«, erwiderte ich bestimmt. »Ich bin ja nicht blöd!«

»Dann will ich dir erklären, was diese kleine Fabel bedeutet«, sagte Herr Goldstern langsam. »Die Gans steht für dein Geld. Wenn du dieses Geld anlegst, dann bekommst du Zinsen. Die Zinsen sind die goldenen Eier.«

Ich war mir nicht sicher, ob ich das so richtig verstanden hatte. Der reiche Mann fuhr fort: »Die meisten Menschen haben keine Gans, wenn sie geboren werden. Das heißt, sie haben nicht so viel Geld, dass sie von den Zinsen dieses Geldes leben könnten ...«

»Dann müsste man aber auch sehr, sehr viel Geld haben, um von den Zinsen leben zu können«, unterbrach ich den Mann nachdenklich.

»Du brauchst eigentlich viel weniger, als du vielleicht denkst«, erwiderte Herr Goldstern. »Wenn du nur 25.000 Mark hättest und du 12% Zinsen bekommen würdest, so wären das 3.000 Mark pro Jahr.«

»Wow!«, rief ich begeistert. »Das sind ja 250 Mark jeden Monat. Und meine 25.000 Mark brauche ich gar nicht anrühren.«

»Genau«, pflichtete mir Herr Goldstern bei. »Die 25.000 Mark sind dann deine Gans und die willst du ja nicht schlachten.«

Die Idee gefiel mir ganz gut. Aber mir kam ein Einwand: »Aber wenn ich jetzt anfange eine Gans zusammenzusparen, dann dauert es viel länger, bis ich nach Kalifornien kommen kann.«

»Das ist die Entscheidung, die du treffen musst!« Der reiche Mann nickte. Du kannst immer voller Ungeduld dein Geld nehmen und es für irgendetwas ausgeben. Du kannst also nach Kalifornien fliegen, sobald du 3.000 Mark hast. Dann aber tötest du dein kleines Gänschen. Oder du kannst dich entschließen einen Teil deines Geldes zu sparen, dann hast du nach einer Weile so viel, dass du nur von den Zinsen jedes Jahr nach Kalifornien fliegen kannst.«

Das fand ich überzeugend. Aber trotzdem wollte ich gerne im nächsten Sommer nach Kalifornien. So eine Gans hätte ich aber auch gerne gehabt. Es müsste beides möglich sein. Ich seufzte: »Es fällt mir sehr schwer zwischen der Gans und meinen Wünschen zu unterscheiden!«

»Du musst dich gar nicht gegen eins von beiden entscheiden. Es geht beides zusammen«, sagte Herr Goldstern lächelnd. »Angenommen, du verdienst zehn Mark. Dann kannst du dieses Geld aufteilen. Den größten Teil legst du auf die Bank. Dann nimmst du einen Teil für deine Traumdosen und einen Teil zum Ausgeben.«

Ja, das war die Lösung. Ich machte mich sofort daran zu überlegen, wie ich die zehn Mark am besten aufteilen würde. Das war gar nicht so leicht.

»Wie sollte ich es denn genau aufteilen?«, fragte ich den reichen Mann.

Er antwortete mir sofort: »Das hängt ganz von deinen Zielen ab. Wenn du immer nur zehn Prozent für deine Gans weglegst, dann wirst du auf jeden Fall wohlhabend. Wenn du aber einmal richtig viel Geld haben willst, dann kann es auch mehr sein. Ich habe es mir zur Angewohnheit gemacht immer fünfzig Prozent von allem für meine Gans zu sparen.«

Ich beschloss mir Herrn Goldstern als Vorbild zu nehmen. Wie er lebte, gefiel mir. Und dabei schien er immer gute Laune zu haben – trotzdem er sicherlich manchmal noch ganz schöne Schmerzen haben musste. Also bestimmte ich: »Ich habe mich entschieden, wie ich mein Geld aufteilen möchte. Ich werde auch fünfzig Prozent von allem für meine Gans weglegen. Vierzig Prozent werde ich für meine Ziele in die Traumdosen legen und zehn Prozent gebe ich aus.«

Stolz schaute Herr Goldstern mich an. Ich fühlte mich sehr wohl bei meiner Entscheidung. Eines aber konnte ich nicht so richtig verstehen: »Wenn nur zehn Prozent reichen würden, um vermögend zu werden, dann wüsste ich zu gerne, warum so viele Menschen Geldsorgen haben?«

»Weil sie darüber so niemals nachgedacht haben«, erklärte mir der Mann. »Am besten fängt man damit an, wenn man noch ganz jung ist. Dann wird es am ehesten eine Selbstverständlichkeit. Am besten, du machst es gleich richtig. Gehe nächste Woche zur Bank und eröffne dir ein Konto. Beim nächsten Mal zeige ich dir dann, was du damit machen kannst. Dann kann ich dir auch einen Scheck geben, den du einlösen kannst. Aber jetzt müsst ihr beiden langsam gehen. Es ist bald Abendessenszeit und ich werde auch ein wenig müde.« Herr Goldstern schien tatsächlich stärkere Schmerzen zu bekommen. Ich bewunderte ihn für seine gute Laune und wie geduldig er mir alles erklären konnte. Aber ich fragte ihn noch, warum er nicht auch über seine Schmerzen redete.

Herr Goldstern antwortete: »Je mehr ich mich auf meine Schmerzen konzentriere, desto stärker werden sie. Über Schmerzen zu reden ist wie Dünger auf Pflanzen geben. Darum habe ich mir vor vielen Jahren abgewöhnt zu klagen.«

Ich bedankte mich herzlich für seine Ratschläge. Ich sagte ihm auch, wie stolz ich war. Dann verabschiedete ich mich schnell. Auch Money ließ sich zum Abschied von Herrn Goldstern kraulen. Dann fuhr uns die nette Chauffeurin nach Hause.

Frau Trumpf

Zu Hause angekommen, eilte ich als erstes auf mein Zimmer. Ich konnte gar nicht bis morgen früh warten, um in meinem Erfolgs-Journal zu schreiben. Ich notierte:

1. Die Dinge, die Herr Goldstern mir erklärt hat, habe ich schnell verstanden.
2. Ich habe eine gute Entscheidung getroffen: Ich werde fünfzig Prozent sparen - von allem Geld, das ich verdiene.
3. Ich werde eine Gans besitzen. Ich verstehe jetzt, was es heißt, reich zu sein.
4. Zum ersten Mal in meinem Leben in einem Rolls Royce gefahren.
5. Letzte Woche 74 Mark verdient. (Davon gehen 37 Mark weg für die Gans / 29,60 waren für die Traumdosen, also 14,80 für jede Dose / 7,40 zum Ausgeben.)
6. Herr Goldstern hat mich gelobt.
7. Ich werde nächste Woche das Geld dafür bekommen, dass ich auf Money aufgepasst habe. 10 Mark pro Tag mal 413 Tage waren 4.130 Mark. Wahnsinn!

Ich war mir immer noch nicht sicher, ob das wirklich immer alles »Erfolge« waren, die ich aufschrieb. Aber ich fühlte mich wohl dabei. Und ich war stolz auf mich. Ich traute mir auch mehr und mehr zu. Bevor ich mein Zimmer verließ, entschloss ich mich, beim Abendessen mit meinen Eltern vorsichtig über das Thema Schulden zu sprechen. Schnell steckte ich den Zettel mit den vier Tipps zum Umgang mit Schulden in meine Jeans.

Kaum saßen alle am Tisch, da zog ich feierlich den Scheck, den Herr Goldstern mir für meine Eltern mitgegeben hatte. Mein Vater nahm ihn in die Hand und las den Betrag. Überrascht rief er: »Das sind ja zweitausend Mark! Wofür soll das denn sein?«

»Für das Futter von Money für die ganze Zeit, die er bei uns ist«, erklärte ich.

»Ich weiß nicht, ob wir das annehmen können«, sagte meine Mutter. »Schließlich ist Money doch jetzt so gut wie unser Hund.«

»Andererseits können wir es ganz gut gebrauchen«, brummte mein Vater. »Wir sind bei einem Kredit mit einigen Raten im Rückstand. Da würden diese zweitausend Mark schon ein wenig helfen.«

»Ich würde nur eintausend Mark davon für den Kredit nehmen. Die anderen eintausend Mark würde ich sparen«, platzte ich heraus.

Mein Vater und meine Mutter hörten auf zu essen und starrten mich an. Sie machten beide ein Gesicht, als hätte ich gerade den ganzen Teller voll mit Suppe auf den Boden fallen lassen.

»Schaut, schaut«, sagte mein Vater ironisch. »Unsere Tochter ist einmal Rolls Royce gefahren und nun ist sie ein Finanzgenie. Susanne, ich bin mir nicht sicher, ob das alles so der richtige Umgang für unsere Kira ist.«

Ich wurde wütend: »Es ist halt klüger, immer nur eine möglichst kleine Rate zurückzuzahlen«, zischte ich trotzig.

»Klar, damit ich mich an den Zinsen tot zahle«, schnappte mein Vater.

Ich biss mir auf die Lippen. Ich wusste nicht mehr genau, wie Money mir das erklärt hatte. Nur, dass man immer neue Schulden aufnehmen muss, um die Raten der alten bezahlen zu können. Ich dachte heimlich: »Am besten rede ich erst wieder mit ihnen, wenn ich in Amerika war und eine dicke Geldgans besitze.«

»Was wissen Kinder schon von Geld«, murmelte mein Vater.

Da konnte ich nicht mehr an mir halten. »Daryl, ein amerikanischer Junge, hatte mit siebzehn Jahren schon mehrere Millionen«, trumpfte ich auf. »Das kann man von dir nicht gerade sagen. Und ich werde auch einmal sehr reich sein.«

»Wahrscheinlich hat er es geerbt«, riet mein Vater.

»Er hat es sich verdient, so wie ich es mir verdienen werde«, rief ich erregt.

Meine Mutter sah mich besorgt an: »Kira, solche Worte ziemen sich nicht für dich. Wir sind nicht für das große Geld bestimmt. Geld macht nur unglücklich. Es ist viel wichtiger, mit wenigem zufrieden zu sein. Vergiss nicht: Wer als Pfennig geboren wurde, wird nie eine Mark.«

Ich hatte da meine Zweifel. Herr Goldstern schien mir sehr glücklich zu sein. Mutter und Vater hingegen waren sicherlich nicht so glücklich. Instinktiv dachte ich mir, dass es eher unglücklich macht, wenn man kein Geld hat. Ich beschloss erst einmal den Mund zu halten. Schweigend aß ich meinen Teller auf.

Nach dem Abendessen hatte ich keine Lust zu Hause zu bleiben. Also rief ich Monika an, um mich mit ihr zu treffen. Sie musste aber erst noch essen. Also verabredeten wir uns in einer Stunde. Bis dahin wollte ich ein wenig spazieren gehen. Ich beschloss bei den Hanenkamps vorbeizugehen und Napoleon zu begrüßen.

Als Herr Hanenkamp mich sah, rief er mich ins Haus. »Hättest du Zeit auf einen weiteren Hund aufzupassen?«, fragte er mich.

»Natürlich habe ich Zeit«, versicherte ich schnell.

»Ich habe nämlich heute Morgen mit Frau Trumpf gesprochen«, fuhr Herr Hanenkamp bedeutungsvoll fort. »Das ist die Dame, der Bianca gehört, der große altdeutsche Schäferhund. Sie würde gerne für zwei Wochen verreisen. Sie weiß aber nicht wohin mit Bianca. Als sie gehört hat, wie gut du mit Napoleon zurechtkommst, da hat sie mich gebeten dich einfach zu fragen. Am besten gehst du gleich zu ihr und sprichst mit ihr.«

Ich kannte Frau Trumpf gut. Sie wollte immer so viel reden. Immer wenn ich an ihrem Haus vorbeiging, versuchte sie mich in ein Gespräch zu verwickeln. Rasch waren Money und ich dort. Ihr Haus sah wirklich aus wie ein Hexenhäuschen.

Schon kam die alte Dame aus dem Haus. Herr Hanenkamp hatte sie angerufen und über unser Kommen informiert. Wir gingen gemeinsam ins Haus. War das eine herrliche Unordnung! Ich fühlte mich sofort wohl. Überall lagen Zeitungsausschnitte und Bücher. An den Wänden hingen Tabellen mit komischen Linien. Es liefen zwei Fernseher gleichzeitig.

Als Frau Trumpf meinen herumschweifenden Blick bemerkte, erklärte sie: »Das ist mein Hobby. Ich lese gerne Finanzbücher und Börsenmagazine. Als mein Mann damals verstarb, hatte er mir eine ordentliche Summe Geld hinterlassen. Ich hatte damals keine Ahnung, was ich damit machen sollte. Und so habe ich angefangen über Geldanlagen zu lernen.

Das ist eine ungeheuer spannende Sache. Du kannst dein Geld wunderbar vermehren.«

Zum ersten Mal wünschte ich mir, dass Frau Trumpf weiterreden würde. Aber sie dachte wohl, dass mich das Thema nicht interessieren würde.

Also sprachen wir über Bianca. Die alte Frau wäre gerne schon seit einigen Jahren in Urlaub gefahren. Aber sie hatte nie jemanden gefunden, der auf ihren Hund aufpassen würde. Bianca war zwar sehr lieb, war aber für einen Schäferhund außerordentlich groß. Mit ihrem üppigen Fell sah sie schon ein wenig Furcht erregend aus. Die meisten Menschen hatten wahrscheinlich einfach Angst vor ihr. Folglich war Frau Trumpf sehr dankbar, dass ich Interesse zeigte. Sie bot mir an alles Futter bereits einzukaufen und mir zehn Mark am Tag zu geben. Damit war ich gerne einverstanden. Natürlich musste ich noch meine Eltern fragen. Schließlich würde der Schäferhund zwei Wochen bei uns leben.

Dann verabschiedete ich mich, denn jetzt war es Zeit Monika zu treffen. Ich hatte ihr so viel zu erzählen. Von dem Geld, das ich verdiente. Von Herrn Goldstern und davon, wie ich jetzt mein Geld aufteilte.

Monika schaute mich bewundernd an: »Wie du das alles machst. Alle Achtung.« Dann dachte sie einen Moment nach und sagte: »Wenn du einmal zu viel zu tun hast, dann kann ich dir ja helfen. Ich arbeite dann für dich.«

Ich musste lachen. Monikas Eltern hatten so viel Geld und sie war immer so fein angezogen. Und jetzt wollte sie für mich arbeiten. Das war schon komisch.

Es war fast schon dunkel und ich ging nach Hause. Außerdem wollte ich so schnell wie möglich mit meinen Eltern wegen Bianca reden. Mein Vater meckerte zunächst ein wenig. Er hatte Angst, dass ich mich zu wenig auf die Schule konzentrierte. Aber meine Mutter half mir.

Da läutete das Telefon. Meine Mutter nahm den Hörer ab. »Da ist Marcel für dich«, rief sie verwundert. Marcel hatte mich noch nie angerufen.

Wie sich herausstellte, hatten wir beide viel zu erzählen. Ich berichtete ihm von meinen Einnahmen und meinen neuen Jobs. Auch davon, dass ich mein Geld aufteilte, wie es Herr Goldstern erklärt hatte.

»Also, eines kann ich dir sagen«, sprach er feierlich, »die Zeiten sind vorbei, dass du ein Puppengehirn warst. Das mit dem Aufteilen des Geldes ist eine richtig gute Idee. Das habe ich noch gar nicht bedacht. Ich habe mein ganzes Geld auf dem Konto.«

»Ein Konto muss ich auch eröffnen«, murmelte ich. »Herr Goldstern will mir nämlich einen Scheck geben. Ich weiß aber nicht, wie das geht.«

»Wenn du willst, komme ich morgen vorbei und helfe dir dabei«, bot sich Marcel an. Ich wollte meinen Ohren nicht trauen. Marcel war immer so abweisend gewesen. Und jetzt bot er sich freiwillig an mir behilflich zu sein. Natürlich hatte er mich vorher auch noch nie besucht, obwohl er nur sieben Kilometer entfernt wohnte. Auch wenn seine Eltern zu uns kamen, hatte er es immer vorgezogen zu Hause zu bleiben.

»Du willst mich besuchen?«, fragte ich verwundert. »Bis vor kurzem bist du mir aus dem Weg gegangen, wann immer du konntest.«

»Ich will mich nur mit Leuten befassen, vor denen ich Respekt habe«, sagte er kurz. »Und den habe ich jetzt zum ersten Mal vor dir.«

Ich fühlte mich mächtig stolz.

»Ich habe übrigens jetzt schon einige Angestellte«, hörte ich Marcel wie einen Erwachsenen sagen. »Einige Jungen in der Nachbarschaft fahren für mich Brötchen aus, denn ich habe inzwischen über fünfzig Kunden. Ich konnte es alleine einfach nicht mehr schaffen.«

Ich musste wieder an Monika denken, die mir angeboten hatte mir zu helfen. Ich musste jetzt schon auf Money, Napoleon und Bianca aufpassen. Da konnte ich ihre Hilfe bestimmt manchmal gebrauchen.

Ich verabschiedete mich von Marcel und freute mich darauf ihn morgen zu treffen. Ich bürstete Money noch, der es außerordentlich genoss. Dann legte ich mich ins Bett und war bald eingeschlafen.

Mitten in der Nacht wachte ich jedoch nass geschwitzt von einem schrecklichen Albtraum auf. Böse Verbrecher hatten mich gejagt und wollten Money töten. Monika und Marcel kamen auch in dem Traum vor und versuchten vergeblich uns zu helfen. Ich zitterte eine ganze Weile. Money hatte irgendetwas gespürt, war auf mein Bett gesprungen und leckte meine Hand. Ich schlang meine Arme um ihn. Dieser Traum bedeutete bestimmt nichts Gutes. Bevor ich endlich wieder einschlief, nahm ich mir fest vor, am nächsten Tag sehr vorsichtig zu sein.

Das Abenteuer

Der Tag begann schon völlig komisch. Das Wetter war hässlich und ich war noch ganz erschöpft von dem Traum. Mein Vater war zu spät aufgestanden und besetzte noch das Bad. Ich wollte die Zeit nutzen und griff an die Stelle, an der mein Erfolgs-Journal liegen musste. Es war nicht dort. Scharf schaute ich Money an. Der tat so, als würde er es nicht bemerken.

»Aha«, dachte ich. »Du Schlingel! Ich weiß genau, dass du es hast. Gib es mir wieder!«

Aber Money war in Spiellaune und wollte es mir nicht so leicht machen. Er lief in die Diele, wo er das Journal irgendwo versteckt hatte, und hielt es lockend im Maul. Ich versuchte ihn zu fangen und ihm das Buch abzunehmen. Aber Money war viel zu schnell. Mit einem großen Sprung wollte ich mich auf Money werfen. Aber er war mir schon ausgewichen und nicht mehr da. Mit einem lauten Krach landete ich auf dem halbfertigen Schiffsmodell, das mein Vater gerade aus Streichhölzchen baute. Durch den Lärm angelockt liefen meine Eltern herbei. Als mein Vater die Situation erfasste, brüllte er wie ein Besessener: »Vier Monate Arbeit hast du zerstört!« Tatsächlich schien nicht ein Hölzchen mehr auf dem anderen zu sein. Ich fühlte mich mies. Das hatte ich nicht gewollt. Ich musste wieder an meinen Traum denken. Der Tag fing ja gut an.

Dann verpasste ich noch den Schulbus und kam zu spät zur Schule.

Nach der Schule hatte ich gegessen und dann Napoleon abgeholt. Ich hatte Herrn und Frau Hanenkamp mitgeteilt, dass ich ihren Hund erst spät nach Hause bringen würde. Sie waren einverstanden. Um fünfzehn Uhr wollte Marcel kommen. Gleichzeitig hatte ich Monika bestellt, damit sie auf die Hunde aufpassen konnte, während ich mit Marcel redete.

Mit Marcel zusammen ging ich zu Frau Trumpf, um Bianca abzuholen. Sie bat uns ins Wohnzimmer, um mir ausführlich zu erklären, wie ich ihren Liebling versorgen sollte. Marcel schaute sich währenddessen im Zimmer um. Er schaute auf all die Tabellen an der Wand und pfiff anerkennend.

»Sie investieren in Aktien«, stellte er fachkundig fest.

Frau Trumpf schaute meinen Cousin überrascht an: »Du verstehst etwas von Aktiencharts?«

»Nein, aber mein Vater macht mit Aktien herum. Da habe ich manchmal etwas aufgeschnappt. Er sagt immer, nirgendwo kann man so viel Geld verdienen wie mit Aktien. Aber es scheint mir sehr kompliziert und sehr viel Arbeit zu sein«, antwortete Marcel.

»Du hast Recht, es ist nicht ganz einfach und man braucht schon ein bis zwei Stunden am Tag. Man muss es also mögen«, lächelte die alte Frau. »Man kann auch andere für einen die Arbeit tun lassen. Dann ist es kinderleicht und die Gewinne kann man trotzdem bekommen.«

Marcel war sofort interessiert: »Das klingt ja gut. Wie soll denn das gehen?«

»Das erkläre ich dir gerne«, teilte ihm Frau Trumpf mit. »Dafür brauchen wir etwas Zeit. In wenigen Stunden aber geht mein Flugzeug. Ich schlage darum vor, dass ich dir davon erzähle, wenn ich wieder aus den Ferien zurück bin.«

»Mich würde das wirklich interessieren«, beeilte ich mich zu sagen.

Frau Trumpf hatte aber noch etwas anderes auf dem Herzen. Sie fragte mich: »Kira, würdest du zwei- bis dreimal meine Pflanzen gießen, während ich weg bin?« Gerne sicherte ich ihr dies zu. Wir verabschiedeten uns und brachten Bianca zu uns nach Hause.

Dann ging ich mit Marcel zu unserer Sparkasse. Ich war ganz aufgeregt. Bald würde ich mein erstes Konto eröffnen. Ich hatte zwar schon ein Sparbuch, auf das meine Großeltern von Zeit zu Zeit etwas einzahlten. Aber ein richtiges Konto war etwas völlig anderes. Ich fühlte mich richtig erwachsen, als wir die Bank betraten. Es war sehr viel zu tun und viele Menschen warteten in der Reihe. Ich wollte sofort auf die kürzeste Schlange zusteuern. Aber Marcel hielt mich zurück: »Warte, es ist wichtig, dass du an die richtige Person kommst.«

»Und woher soll ich wissen, wer das ist?«, fragte ich entgeistert.

Marcel lachte: »Na die Person, mit der du am besten zurechtkommst. Schau dich doch einfach um, vielleicht entdeckst du jemanden, der dir richtig sympathisch ist.«

Ich ging einfach an den Menschenschlangen vorbei und schaute mir die einzelnen Sachbearbeiter an. Die meisten sahen gar nicht zufrieden und glücklich aus. Einer verbreitete ganz schöne Hektik – vor dem hätte ich mich regelrecht gefürchtet. Schließlich entdeckte ich eine Frau, die ungefähr im Alter meiner Mutter war und einen richtig lieben Eindruck machte. Ich mochte sie sofort.

»Da müssen wir aber lange warten«, wollte ich Marcel auf meine Entscheidung vorbereiten.

»Warten ist die dümmste Beschäftigung der Welt«, verkündete mein Cousin. »Wir sollten überlegen, wie wir die Zeit nutzen können.«

Wir kamen auf die Idee, dass ich ihm die genaue Aufteilung meines Geldes erklären könnte. Ich erzählte ihm auch die Geschichte von der Gans, die goldene Eier legt.

»Das ist ja noch cooler, als ich gedacht hatte«, rief Marcel erfreut. »Ist ja ganz klar, wenn ich immer alles ausgebe, dann werde ich nie eine Gans haben. Und wenn ich keine Gans habe, dann muss ich immer für mein Geld arbeiten. Wenn ich aber eine Gans habe, dann arbeitet mein Geld für mich.«

»Das hast du toll gesagt«, erwiderte ich. »Bei Herrn Goldstern ist das bestimmt so. Sein Geld arbeitet für ihn. Überlege einmal, wie lange der nach seinem Unfall gar nicht mehr arbeiten konnte. Und trotzdem kann der bequem alle seine Rechnungen bezahlen. Mein Vater dagegen sagt immer, dass, wenn er nur zwei Monate nichts verdient, alles vorbei ist. Damit meint er, dass wir dann unser Haus verkaufen müssten.«

»Klar, Herrn Goldstern geht es so gut, weil er eine dicke, fette Gans hat und dein Vater hat noch nicht einmal einen kleinen Spatz«, lachte Marcel.

Wir waren so in unser Gespräch vertieft, dass wir gar nicht bemerkt hatten, dass wir an der Reihe waren. Die nette Dame fragte uns nach unseren Wünschen.

»Ich hätte gerne ein Konto für meine Gans eröffnet«, sagte ich. »Ein Konto für was?«, fragte die Kundenberaterin entgeistert.

Marcel fing schallend an zu lachen. Ich hätte ihn am liebsten geboxt. Aber dann steckte mich sein Lachen an. Als wir uns beruhigt hatten, stellten wir uns erst einmal vor. Die Kundenberaterin hieß Frau Heinen. Dann musste ich erklären, warum ich ein Konto für »meine Gans« eröffnen wollte. Ich musste die Geschichte von der Gans und den goldenen Eiern noch einmal erzählen. Inzwischen konnte ich sie ganz gut.

Frau Heinen war fasziniert. »Das ist die tollste Idee über den Umgang mit Geld für Kinder, die ich je gehört habe«, rief sie begeistert. Sie dachte einen Moment nach: »Wahrscheinlich ist diese Geschichte ebenso gut für Erwachsene. Ich werde dich jedenfalls gerne unterstützen, wo ich kann.«

Sie bot mir eine kostenlose Kontenführung an. Das heißt, dass die Bank die ganze Arbeit mit dem Konto für mich macht und ich nichts dafür bezahlen musste. Besser geht es nicht.

Ich war überrascht, wie einfach es war, ein Konto zu eröffnen. Ich musste nur meinen Pass vorlegen. Frau Heinen füllte einen Bogen aus, den ich und einer meiner Eltern unterschreiben mussten. Das war alles. Ich hätte Marcel gar nicht gebraucht. Es war aber trotzdem schön, dass er dabei war. So hatten wir halt viel Spaß.

Dann nahm ich feierlich die siebenunddreißig Mark aus der Tasche und zahlte sie auf mein neues Konto ein. Heimlich sprach ich eine Zauberformel aus, die ich mir ausgedacht hatte: »Wachse, Gänslein, wachse.«

Es hatte richtig Spaß gemacht. Wir verabschiedeten uns und machten uns auf den Heimweg. Ich dachte: »Wie gut, dass ich mir eine nette Beraterin ausgesucht habe. Ich werde mich immer freuen sie wiederzusehen.«

Jetzt gingen wir aber eilig nach Hause. Wer weiß, wie es Monika mit allen drei Hunden ergangen war. Schließlich hatte sie nicht so viel Erfahrung mit Hunden. Sie besaß zwar Willi, einen kleinen, frechen Zwergpudel. Mit größeren Hunden umzugehen war aber doch etwas anderes. Meine Sorgen waren jedoch nicht berechtigt. Monika hieß uns fröhlich willkommen. Alles war in bester Ordnung. Wir gingen alle zusammen in den Wald und spielten. Es war so aufregend, dass wir die Zeit vergaßen.

Es dämmerte schon, als wir uns auf den Rückweg machten. Ich bat die beiden anderen, mit mir an dem Haus von Frau Trumpf vorbeizugehen. Dort musste ich nämlich noch das Futter für Bianca abholen, das die alte Frau hinter dem Haus für mich bereitgestellt hatte. Zu dritt könnten wir es viel leichter tragen.

Wir kamen an das Hexenhäuschen. Es lag einige Hundert Meter von unserem Haus entfernt, nahe am Wald. Das Grundstück war ziemlich verwildert, weil Frau Trumpf die Bäume und Büsche seit vielen Jahren nicht mehr beschnitten hatte. Wir gingen um das Haus herum, weil die alte Frau das Futter hinten auf die Terrasse legen wollte. Dabei mussten wir vorsichtig durch einige Büsche krabbeln.

Inzwischen war es fast dunkel. Es war uns ein wenig unheimlich, obwohl wir Money, Napoleon und Bianca bei uns hatten. Willis Gegenwart verbreitete keine Sicherheit. Er hatte am meisten Angst und drückte sich so nah wie möglich an Bianca heran. Wir hatten aufgehört zu reden. Selbst Monika sagte nichts mehr. Und das wollte wirklich etwas heißen. Auf einmal fiel mir auf, was so unheimlich war: Es war totenstill. Wir hielten unwillkürlich den Atem an…

Leise schlichen wir weiter. Hin und wieder knackte ein Zweig unter unseren Füßen. Endlich waren wir hinter dem Haus. Das Futter stand tatsächlich auf der Terrasse. Aber irgendetwas war nicht in Ordnung. Wir schauten uns ängstlich um. Plötzlich fingen die Hunde an zu knurren. Bianca lief zur Terrassentür und unsere Blicke folgten ihr. Dabei sahen wir, dass die Tür nur angelehnt war. Sie drückte die Tür mit ihrer Schnauze auf und bellte ins Haus hinein. Dann sprang sie hinein. Ihr Bellen wurde bald schwächer. Schließlich hörten wir sie nur noch wie von ganz weit weg. Dann war es still. Wir warteten eine Zeit. Aber Bianca kam nicht wieder. Vorsichtig riefen wir nach ihr. Keine Antwort. Wir standen wie erstarrt. Ich schaute mich vorsichtig um. Monika war kreidebleich. Ihr kleiner Zwergpudel war ihr in die Arme gesprungen und sie drückte ihn ängstlich an sich.

Marcel fasste sich als Erster. Er gab mir ein Zeichen Money und Napoleon festzuhalten. Ich hielt beide am Halsband. Jetzt war es gut, dass ich Napoleon trainiert hatte, dachte ich für den Bruchteil einer Sekunde. Marcel drückte sich an die Hauswand und schlich langsam zur Tür. Vorsichtig setzte er einen Fuß ins Haus. Innen machte er das Licht an. Nach einer Weile, die uns wie eine Ewigkeit vorkam, erschien er wieder an der Tür und winkte uns herbei. »Die Luft scheint rein zu sein«, flüsterte er. Vorsichtig folgte ich mit beiden Hunden.

»Ich gehe da auf keinen Fall hinein«, hörten wir Monika.

»Okay, warte hier!«, bestimmte Marcel.

Das war ihr aber erst recht nicht geheuer. Alleine auf der Terrasse zu bleiben erschien ihr noch unheimlicher.

Also folgte sie uns ins Haus. Wir waren im Wohnzimmer. Die Unordnung erschien uns diesmal nicht gemütlich, sondern verbreitete einen bedrohlichen Eindruck.

»Hier ist jemand eingebrochen«, stellte Marcel fest.

»Nein, so sieht es immer hier aus«, antwortete ich ebenso leise.

Marcel widersprach: »Schau mal, die Türe ist aufgebrochen worden.«

Er hatte Recht. Der Türrahmen war deutlich zerstört. Und dann erkannte ich, warum ich die Unordnung nicht mehr gemütlich fand. Alle Bilder waren abgehängt und die Möbel verrückt. Es sah aus wie in einem Agentenfilm, wenn Spione eine Wohnung nach einem Mikrofilm durchsucht hatten. Ich erinnerte mich an meinen Albtraum von letzter Nacht. Ich hatte mir doch vorgenommen besonders vorsichtig zu sein. Und jetzt stand ich hier in einem einsamen Haus, in das eingebrochen worden war. Ob die Einbrecher noch im Haus waren? Mein Blut pochte in meinen Schläfen.

Plötzlich hörten wir leise Schritte auf dem alten Holzboden. Ich erstarrte. Die leise knarrenden Schritte kamen näher. Marcel schaute sich rasch um und bewaffnete sich mit einem alten Fernrohr, das neben einem Sessel lag. Dann sprang die Wohnzimmertür mit einem Quietschen einige Zentimeter auf. Wir fuhren herum. Monika stieß einen schrillen Schrei aus. In diesem Moment schob Bianca ihren dicken Kopf durch die Tür. Wir hatten sie ganz vergessen. Erleichtert atmeten wir auf. Auch Money und Napoleon begrüßten sie freudig.

Marcel erfasste die Situation wieder am schnellsten von uns allen. »Wer auch immer hier war, scheint geflohen zu sein, als wir kamen. Sonst wären die Hunde nicht so ruhig.« Ich schaute mir Money an. Er schien überhaupt nicht beunruhigt zu sein. Ich schlang meinen Arm um ihn und wurde sofort ruhiger. Selbst Willi war Monika aus den Armen gesprungen und schnüffelte ruhig in einer Ecke herum.

Im alten Keller

Langsam fassten wir wieder Mut. Wir beschlossen das Haus zu durchsuchen. Monika wollte zuerst die Polizei anrufen. Aber das konnten wir später immer noch tun. Fürs Erste siegte die Abenteuerlust. Vorsichtig begannen wir unseren Streifzug. Wir gingen durch alle Zimmer. Überall war die gleiche Verwüstung, aber wir fanden ansonsten nichts Außergewöhnliches.

»Wisst ihr noch, wie weit Biancas Bellen entfernt war, als sie im Haus verschwunden war?«, fragte Marcel. »Es muss irgendwo einen tiefen Keller geben.« Monika schauderte: »Vielleicht ist dort auch ein Verließ...« Ich musste lachen. Aber so ganz wohl war mir dabei auch nicht. Wir gingen noch einmal durch das Haus, um den Eingang zum Keller zu suchen. Schließlich entdeckten wir die Kellertür. Sie war unter der Treppe und sah aus wie die Tür zu einem Schrank. Sie war leicht angelehnt. Wir öffneten sie vorsichtig und schauten hinein. Eine steile Treppe führte hinunter. Wir suchten einen Lichtschalter, es schien aber nirgends einen zu geben.

»Im Wohnzimmer habe ich einige Kerzen gesehen«, erinnerte ich mich. Marcel nickte.

Schnell gingen wir die Kerzen holen. Monika zündete sie an und versuchte gleichzeitig uns von unserem Vorhaben abzuhalten: »Ihr wollt doch nicht wirklich dort hinunter gehen? Ohne mich!«

»Okay«, entschied Marcel, »dann wartest du hier oben mit Willi und Napoleon. Kira und ich werden mit Bianca und Money den Keller erkunden.«

Ich wäre auch lieber oben bei Monika geblieben, aber war auch gespannt, was wir da unten entdecken würden. Außerdem wollte ich mir keine Blöße vor meinem Cousin geben. Schließlich hatte er gerade angefangen mich zu respektieren. Also stiegen Marcel und ich mit den Hunden vorsichtig die Treppe hinunter. Es musste ein sehr alter Keller sein. Die nackten Steine sahen im Kerzenlicht gespenstisch aus.

Endlich waren wir unten. Wir standen in einem großen Kellerraum, der mit allerlei Gerümpel und vielen Regalen mit verschiedenen Konserven und Einmachgläsern voll gestellt war. Die Decke war ziemlich niedrig. Marcel musste seinen Kopf ein wenig einziehen. Aufmerksam schauten wir uns um. Aber ich konnte nichts Außergewöhnliches ausmachen. »Hier gibt es nichts zu entdecken«, flüsterte ich.

Aber Marcel deutete auf eine kleine Türe in der Wand hinter den Regalen. Ich war beeindruckt. Die Tür hätte ich niemals entdeckt. Vorsichtig rückten wir das Regal auf die Seite. Wir mussten aufpassen, dass keines der Einmachgläser auf den Boden fiel. Dann war die Tür frei. Wir versuchten sie zu öffnen. Aber sie war fest verschlossen. Marcel hatte einen enttäuschten Blick im Gesicht: »Da kann man nichts machen. Zu schade, ich hätte zu gerne gewusst, welches Geheimnis sich hinter dieser Türe verbirgt.«

»Wahrscheinlich verbirgt sich dahinter ein Schatz«, sponn ich.

»Klar, da liegt so viel Gold wie in Fort Knox«, kicherte Marcel.

In diesem Moment stupste mich Bianca mit ihrer Schnauze an. Zwischen den Zähnen hielt sie etwas

Dunkles. Ich schaute genau hin. Es war ein Schlüssel. Sie wedelte mit dem Schwanz und ließ den Schlüssel auf den Boden fallen. »Kluger Hund«, lobte ich anerkennend. »Sie hat den Schlüssel wahrscheinlich schon oft für ihre Herrin geholt.« Allerdings hatten wir keine Ahnung, wo der Schlüssel versteckt gewesen war.

Marcel nahm den Schlüssel auf und öffnete langsam die Tür. Wir leuchteten mit unseren Kerzen hinein. Der Raum war nicht so groß wie der erste und bis auf eine alte Truhe war er leer. Marcel näherte sich ihr. Sie war aus kräftigem Holz gebaut, rundherum mit Eisen beschlagen und mit einem Vorhängeschloss versehen. Marcel schaute sich das Schloss an. »Das kann ich leicht öffnen – ein Kinderspiel«, lachte er. Ich war mir nicht ganz sicher, ob wir das Recht hatten, in die Truhe zu schauen. Aber Marcel zog schon seinen Dietrich und machte sich an dem Schloss zu schaffen. Meine Neugier siegte. Mit einem knackenden Geräusch sprang das Schloss auf. »Von wegen Brötchenservice«, kicherte ich. »Du bist ja ein echter Einbrecher.« »Darin wäre ich bestimmt auch ganz gut«, protzte Marcel.

Er öffnete den Deckel, sah hinein und stieß einen Pfiff aus: »Junge, Junge! Jetzt weiß ich, wonach die Einbrecher gesucht haben.«

Ich schaute auch in die Truhe. Dort lag ein ganzer Stapel Papiere, ein dickes Bündel mit Tausend-Mark-Scheinen und ein Haufen fein säuberlich gestapelter Goldbarren. Besonders die Goldbarren faszinierten mich. Kaum zu glauben, dass sie wirklich aus purem Gold bestanden. Marcel hatte Recht. Das musste es gewesen sein, worauf die Einbrecher scharf gewesen waren.

»Was sollen wir tun?«, fragte ich besorgt. »Was ist, wenn wir alles hier lassen und die Einbrecher kommen zurück?« Marcel dachte einen Moment nach. »Du hast Recht! Wir müssen jetzt wirklich die Polizei rufen. Die wird dann den Schatz in Verwahrung nehmen. Wir schreiben vorher aber genau auf, was alles in der Truhe ist. Man weiß ja nie...«

Wir machten uns an die Arbeit. Sorgfältig zählten und notierten wir alles. Als die Liste fertig war, überflogen wir unsere Aufstellung stolz: 100.000 Mark in 100 Tausender-Scheinen, 25 Goldbarren, 78 Goldmünzen, 163 Urkunden, eine Mappe mit Briefen und Kontoauszügen, ein Säckchen mit 16 Edelsteinen, eine Goldkette und sieben Goldringe.

Befriedigt steckte Marcel die Liste in die Tasche. Er wollte sie für mich so schnell wie möglich abschreiben. Es hätte uns gut gefallen, wenn wir so viel Geld und Wertgegenstände besitzen würden. Darin waren wir uns einig.

»Frau Trumpf ist ganz schön reich«, staunte ich. Sie hatte das uns gegenüber zwar kurz erwähnt, aber all diese Reichtümer mit eigenen Augen zu sehen, das war doch etwas anderes.

»Warum bewahrt sie wohl solch ein Vermögen hier unten auf?«, fragte ich verwundert.

»Alle reichen Leute tun so etwas«, belehrte mich Marcel. »Ich wette, Frau Trumpf hat noch viel, viel mehr Geld, das sie irgendwo angelegt hat. Das hier ist wahrscheinlich ihr Notgroschen.«

»Ganz schön viel für einen Notgroschen«, meinte ich zweifelnd.

»Aber ausreichend, um damit zu spielen«, beharrte mein Cousin. »Denk an Dagobert Duck. Der betrachtet es als eine seiner Lieblingsbeschäftigungen im Geld zu schwimmen.«

Ich erinnerte mich an die vielen Comics, die ich gelesen hatte. Und ich musste auch daran denken, dass meine Mutter mich immer aufforderte mir die Hände zu waschen, wenn ich Geld angefasst hatte. »Ich glaube, reiche Leute empfinden Geld gar nicht als schmutzig«, überlegte ich laut.

Marcel stimmte mir zu: »Ich glaube auch, dass Frau Trumpf sich ganz toll fühlt, wenn sie sich von Zeit zu Zeit ihre Truhe anschaut. Mir würde es jedenfalls auch so gehen.«

Ich musste kichern. Ich stellte mir die alte Frau vor, wie sie in den Keller ging, die Truhe öffnete und mit den Goldbarren und dem Geld spielte. »Ich glaube, es würde mir sogar Spaß machen, die Münzen und Barren zu putzen«, dachte ich.

Plötzlich bellte Money. Sofort stimmte Bianca ein. Die beiden Hunde standen mit dem Rücken zu uns, schnupperten Richtung Tür und bellten immer heftiger. Marcel ging zur Tür und rief in den großen Kellerraum hinein: »Monika! Bist du es? Komm her, wir wissen jetzt, wonach die Einbrecher gesucht haben.«

Money und Bianca hörten auf zu bellen und begannen zu knurren. Marcel sah plötzlich ganz verstört aus. »Was mag nur los sein?«, fragte er. »Die Hunde würden doch Monika nicht anknurren.«

In diesem Augenblick durchfuhr uns ein entsetzlicher Schreck. Männerstimmen schallten durch den Keller. Moneys Fell sträubte sich. »Sei still, Money«, zischte ich. Aber der Hund ließ sich nicht beruhigen. Er knurrte weiter.

Rasch kamen die Stimmen näher und wurden lauter. Es gab für uns kein Entkommen. Bald sahen wir das Licht einer großen Taschenlampe durch den kleinen Kellerraum geistern. Dann stach mir der Lichtstrahl unmittelbar in die Augen. Ich schrie auf.

»Schau, schau! Wen haben wir denn da?«, rief eine tiefe Stimme aus. »Das geht Sie gar nichts an«, schrie Marcel trotzig. Der Lichtstrahl blendete uns so sehr, dass wir nichts erkennen konnten. Dann vernahmen wir eine andere Stimme, die noch tiefer und rauer klang.

»Habt ihr etwas gefunden? Das würde uns viel Arbeit ersparen!«

Die Lampe wanderte zu der Truhe. Dann stieß der Mann einen Überraschungsschrei aus.

»Bernd, sieh her«, rief er. »Das Mädchen hatte Recht. Hier liegt ein richtiges Vermögen.«

»Lassen Sie Ihre schmutzigen Finger davon! Es gehört einer alten Frau!« Ich raste vor Wut.

»Junges Fräulein, Sie verwechseln da etwas. Wir sind die Guten«, hörten wir die erste Stimme lachen. Der Lichtstrahl wanderte von der Truhe zu der zweiten Stimme. Wir sahen einen – Polizisten.

Marcel fasste sich zuerst. Ich lachte nervös. Mir wurde erst jetzt bewusst, wie angespannt ich war. Ich setzte mich auf den Boden. War ich erleichtert.

»Eure Freundin hat ihren Vater angerufen, und der hat uns alarmiert«, erklärte uns der erste Polizist.

Das erklärte alles. »Wo ist Monika jetzt?«, fragte mein Cousin.

»Sie ist oben mit ihrem Vater und den anderen Beamten.« Der Polizist ging in den großen Kellerraum und rief zu einem Kollegen, der auf den Stufen ins Erdgeschoss stand: »Alles in Ordnung! Die Kinder sind hier. Keinem ist etwas passiert!«

Wir gingen alle nach oben. Mindestens zehn Polizisten standen im Flur und im Wohnzimmer verteilt. Auch Monikas Vater stand dort. Monika hatte sich ängstlich an ihn gedrückt.

Sie erklärte uns, dass sie eine Zeit lang gewartet hatte. Dann hatte sie vorsichtig die Treppe hinunter gerufen. Als sie keine Antwort bekam, war sie überzeugt, dass uns etwas passiert sein musste, und rief ihren Vater an.

Streng schaute uns Monikas Vater an: »Ihr seid ganz schön leichtsinnig gewesen! Ihr hättet sofort die Polizei anrufen sollen.«

Wir wussten keine Antwort. Ich schaute zu Monika. Sie tat mir Leid. Sie musste schreckliche Ängste ausgestanden haben. Wir hatten die Zeit völlig vergessen, während wir die Schätze gezählt hatten.

Ein Schlosser wurde bestellt, der die Tür reparierte. Die Truhe transportierten die Beamten vorsichtig ab. Die Polizei hatte noch eine ganze Zeit zu tun. Auch mussten wir viele Fragen beantworten. Die Polizisten waren aber alle sehr freundlich und lobten uns. Sie sagten, dass wir die Einbrecher eindeutig in die Flucht geschlagen hätten.

Marcel und ich schauten uns stolz an. Dann wurden wir im Polizeiwagen nach Hause gefahren. Meine Mutter hatte sich schon Sorgen gemacht und stand am Fenster, als wir vor dem Haus hielten. Sie musste das Schlimmste vermutet haben, als wir ausstiegen.

Aber die Beamten klärten die Sachlage bald auf. Dann brachten sie Marcel und Napoleon nach Hause. Meine

Mutter rief schnell ihre Schwester, die Mutter von Marcel, an und die Hanenkamps. Sie wollte vermeiden, dass die den gleichen Schreck bekommen würden wie sie, als plötzlich ein Polizeiauto vor ihrem Haus hielt.

Ich erzählte meinen Eltern alles sehr ausführlich. Ich war völlig überdreht und hätte sowieso nicht schlafen können. Ich musste mir wieder anhören, dass wir besser sofort die Polizei hätten anrufen sollen.

Meine Eltern verstehen nicht...

In der Schule war am nächsten Tag die Hölle los. Monika hatte brühwarm allen von dem Abenteuer erzählt. Es gab kein anderes Thema. Auch ich wurde beglückwünscht. Einige Jungs sagten: »Du hast ein Glück, dass du so ein Abenteuer erlebt hast. Ich wünschte, mir würde einmal so etwas passieren.«

Ich war mir nicht sicher, ob es Glück war. Jedenfalls hatte ich den Eindruck, dass all dies nicht geschehen wäre, wenn ich nicht mit meinen Traumdosen begonnen hätte. Sonst hätte ich nicht einmal nach einem Job gesucht, die Hanenkamps nicht kennen gelernt und ich hätte nicht von Frau Trumpf den Job bekommen auf Bianca aufzupassen, denn die Hanenkamps hatten mich ja empfohlen. Mir schien es eher so, als hätte unser weiser Geschichtslehrer Recht, wenn er immer sagte: »Glück ist bei näherer Betrachtung nur ein Ergebnis von Vorbereitung und Arbeit.«

Jedenfalls waren Monika und ich für einige Tage die Helden der Schule. Es kam sogar ein Fotograf der örtlichen Zeitung in unsere Schule, der uns fotografierte. Am nächsten Tag standen wir in der Zeitung. Ausführlich wurde beschrieben, wie mutig wir waren. Ich fand es nur schade, dass Marcel nicht mit auf dem Bild war. Als meine Eltern die Zeitung lasen, waren sie mächtig stolz. Sie erzählten es überall herum.

Eines Morgens dachte ich über unser Erlebnis nach, während ich in mein Erfolgs-Journal schrieb. Es stimmte schon, dass es ein tolles Abenteuer war. Und ich war auch stolz darauf. Aber ich stellte etwas Interessantes fest: ich hatte das feste Gefühl, dass mein ganzes Leben ein einziges Abenteuer geworden war. Und das machte mir so richtig Spaß.

Ich bemerkte, dass sich viel verändert hatte, seit ich mich mit Geld beschäftigte. Mein Leben war spannender geworden. Ich lernte Menschen auf eine andere Weise kennen. Ich hatte sogar interessante Gespräche mit Erwachsenen. Ich hatte viel gelernt – und das war anders als in der Schule. Diese Dinge interessierten mich wirklich, denn ich wusste, ich konnte sie gebrauchen. Es war halt spannender zu lernen, wie ich Geld verdienen konnte, um nach Amerika zu fliegen, als im Geschichtsunterricht trocken etwas über Karl den Großen zu lernen. Bei einigen Fächern passte ich jetzt auch besser auf: Englisch machte jetzt geradezu Spaß. Denn bald würde ich es ja brauchen.

Ich dachte über vieles nach, was mir früher völlig gleichgültig war. Das Wichtigste war: Ich fühlte mich einfach super gut. Ich spürte plötzlich, dass es gar nicht in erster Linie ums Geld ging. Es ging darum, dass jeder Tag spannend war. Es ging darum, zu erfahren, was alles möglich war. Und ich machte mir Gedanken darüber. Ich erkannte viele Dinge durch das Erfolgs-Journal. Längst schrieb ich nicht mehr »nur« meine Erfolge auf. Ich beschrieb auch oft, was zu diesen Erfolgen geführt hatte. So stellte ich zum Beispiel fest, dass ich durchaus mutig war. Es störte mich auch nicht, dass ich Angst gehabt hatte. Denn Herr Hanenkamp hatte mir einmal erklärt, dass der Mutige nicht ohne Angst sei. Mutig sei man erst, wenn man Angst habe und trotz der Angst vorwärts gehe.

Ich war bereit hart zu arbeiten, es musste mir aber Spaß machen. Meine Eltern hatten immer behauptet, dass ich ziemlich faul sei. Damit hatten sie aber nur teilweise Recht, denn jetzt war ich fleißig. Ich arbeitete jeden Tag mit drei Hunden, fütterte sie, bürstete sie, ging mit ihnen spazieren und dressierte sie. Das war kein Zuckerschlecken, aber ich liebte es.

Vor allem hatte ich zum ersten Mal die Gewissheit, dass ich wirklich mein Bestes gab. Wahrscheinlich machte das den großen Unterschied aus. Früher hatte ich mir immer gesagt: »Wenn ich wirklich einmal viel übe und lerne, dann kann ich ohne weiteres sehr gut in der Schule sein.« Ich spürte, dass dies nur eine Ausrede gewesen war, hinter der ich mich verstecken konnte. Jetzt, wo ich wirklich mein Bestes gab, hatte ich diese Ausrede nicht mehr. So kam zum Vorschein, wozu ich wirklich in der Lage war.

Es ging im Grunde genommen noch weiter, denn ich tat ja Dinge, die ich eigentlich noch gar nicht tun konnte. Wie Geld verdienen. Erst indem ich es tat, erkannte ich, dass ich es konnte.

Die nächsten Tage vergingen wie im Flug. Ich hatte viel Spaß mit »meinen« drei Hunden. Ich hatte auch viele tolle Gespräche mit Marcel, den Hanenkamps und Herrn Goldstern. Ich hatte viele Fragen und lernte jedes Mal erstaunliche neue Dinge kennen.

Ich hatte von Herrn Goldstern einen Scheck über dreitausend Mark bekommen. Ich fühlte mich immer noch ein wenig komisch dafür Geld zu erhalten, dass ich Money versorgt hatte, denn nichts hatte ich lieber getan. Aber Herr Goldstern erklärte mir: »Wenn du deinen Hund verlieren würdest, dann wärst du doch auch froh, wenn sich jemand wie du darum kümmern würde. Gerade, dass du es auch unentgeltlich getan hättest, macht deine Arbeit ja so wertvoll.« Ich musste ihm Recht geben, Money konnte es nirgendwo besser haben als bei mir.

Jedenfalls habe ich den Scheck auf die Bank gebracht. Und dann habe ich das Geld aufgeteilt, wie ich mir vorgenommen hatte. Die Hälfte, also 1500 Mark, blieben auf dem Konto, damit meine Gans wachsen konnte. Die anderen 1500 Mark hatte ich abgehoben. Davon hatte ich jeweils 600 Mark in meine Traumdosen gesteckt und hatte immer noch 300 Mark übrig zum Ausgeben. Es war ein unglaubliches Gefühl 600 Mark in meine San Francisco-Dose zu stecken und weitere 600 in meine Laptop-Dose. Am liebsten hätte ich meine Mutter gerufen, damit sie mir zuschauen könnte. Aber ich hatte mich entschieden sie lieber zu überraschen.

Auch wenn ich Geld von den Hanenkamps erhielt, teilte ich es nach dem gleichen Schema auf. Und das waren immerhin vier Mark am Tag plus immer zwanzig Mark für jeden Trick, den ich Napoleon beibrachte. Manchmal erlaubte ich mir den Luxus Monika einzuspannen und gab ihr dafür die Hälfte von dem Geld, das ich bekam.

Ich fand das zuerst ein wenig ungerecht. Schließlich brauchte ich ja dann gar nichts tun. Monika machte die ganze Arbeit, aber trotzdem verdiente ich genauso viel wie sie. Aber Marcel hatte mir dazu etwas Wichtiges gesagt: »Zu arbeiten ist immer nur maximal die eine Hälfte von dem, was die Bezahlung ausmacht. Die andere Hälfte liegt in der Idee und dem Mut diese Idee umzusetzen.« Ich hatte das Monika erklärt. Ich schlug ihr auch vor sich selber einen Hund wie Napoleon zu suchen. Aber sie sagte, sie hätte niemals den Mut jemanden darauf anzusprechen. Außerdem bekam sie hundertfünfzig Mark Taschengeld. So war sie zufrieden.

Ich beschloss meinen Kindern später einmal auf keinen Fall zu viel Taschengeld zu geben. Dafür wollte ich sie aber anleiten, das Erfolgs-Journal zu schreiben und selber Geld zu verdienen. Je früher, desto besser.

Etwas aber verwirrte mich. Die Gespräche mit Money wurden immer weniger. Es gab so viel zu tun und ich unterhielt mich so oft mit meinem Cousin, Herrn und Frau Hanenkamp und auch die Treffen mit Herrn Goldstern wurden immer länger. Dadurch waren Money und ich fast gar nicht mehr zu unserem Versteck gegangen. Natürlich gingen wir viel spazieren und spielten ausgedehnt miteinander. Aber wir unterhielten uns fast nicht mehr. Viele Fragen, die ich dem Labrador stellen wollte, waren mir auch schon von Herrn Goldstern und den anderen beantwortet worden.

Money schien das aber überhaupt nichts auszumachen. Ganz im Gegenteil. Er fand das wohl ganz in Ordnung und genoss es offensichtlich. Er schien es zu mögen, wie ein ganz normaler Hund behandelt zu werden. Er war auch sehr gerne mit Napoleon und Bianca zusammen. Er konnte mit ihnen so richtig toben. Besonders wenn ich die drei zusammen spielen sah, wirkte Money wie einer von ihnen. Er wirkte fast »normal«. Ich tröstete mich damit, dass es wahrscheinlich so sein sollte.

Ich saß mit meinen Eltern am Esstisch. Sie sprachen kein Wort und starrten beide griesgrämig auf ihren Teller.

So sahen sie immer aus, wenn sie sich gestritten hatten. Ich hatte mir vorgenommen noch einmal mit meinen Eltern über ihre Schulden zu sprechen. Vorher hatte ich mir extra noch einmal die Liste mit den vier Tipps, die ich von Money erhalten hatte, angeschaut. Aber es schien mir jetzt doch nicht der ideale Zeitpunkt zu sein.

Mein Vater brach das Schweigen: »Kira, ich habe einen Kontoauszug von deinem Konto gesehen. Da ist viel Geld drauf.« Er sah mich forschend an. »Sehr viel Geld«, sagte er bedeutungsvoll.

»Das habe ich von Herrn Goldstern dafür erhalten, dass ich Money so gut gepflegt habe«, klärte ich meinen Vater auf.

»Siehst du, es gibt dafür eine plausible Erklärung.« Meine Mutter wirkte erleichtert.

»Und du hast 1.500 Mark abgehoben«, fuhr mein Vater fort. »Kannst du mir erklären, was du damit gemacht hast?«

Ich fühlte mich unbehaglich. Nicht, dass ich irgendwie ein schlechtes Gewissen gehabt hätte, aber ich spürte, dass mir ein Misstrauen entgegenschlug. Unberechtigt.

Ich zwang mich ruhig zu bleiben. Ich erklärte, wo ich mein Geld verdiente. Und ich berichtete auch, dass ich alle meine Einnahmen aufteilte. Fünfzig Prozent waren für meine Gans. Vierzig Prozent für meine kurz- und mittelfristigen Träume und zehn Prozent zum Ausgeben. Natürlich musste ich wieder die Geschichte von der Gans und den goldenen Eiern erzählen. Sonst hätten meine Eltern nur Bahnhof verstanden.

Mein Vater sah mich überrascht an. Aber er schien auch beruhigt, dass er eine Erklärung bekam. Meine Mutter verzog ihr Gesicht sogar zu einem stolzen Grinsen: »Siehst du, meine Tochter hat meinen Verstand mitbekommen.«

Mein Vater seufzte: »Ich wünschte, ich könnte mein Einkommen auch so aufteilen.«

»Und warum tust du es nicht?«, fragte ich.

»Weil unsere Kosten alles Geld sofort aufsaugen«, erklärte mein Vater. »Was glaubst du, wovon wir die Raten für das Haus, das Essen, den Strom usw. bezahlen?«

»Aber du könntest doch wenigstens das Geld, das du nicht für diese Sachen brauchst, so aufteilen, wie ich es tue. Selbst wenn es nur zehn Prozent wären. Dann würdest du eben diese zehn Prozent aufteilen.« Ich war überzeugt, dass dies möglich sein müsste.

»Da bleibt nichts übrig. Ich kann keinen Pfennig sparen«, brummte mein Vater. »Über fünfzig Prozent gehen alleine für die Raten unserer Kredite drauf.«

»Die Raten sollten ja auch so niedrig wie möglich sein«, wagte ich einen erneuten Versuch.

»Was weißt du schon von Kreditverträgen!«, maulte mein Vater.

Meine Mutter eilte mir zur Hilfe: »Na, jedenfalls vom Geldverdienen versteht meine Tochter etwas!«

»Da hat sie einfach nur Glück gehabt«, giftete mein Vater.

»Mein Geschichtslehrer sagt immer«, beeilte ich mich zu sagen, »Glück ist bei näherer Betrachtung immer nur ein Ergebnis von Vorbereitung und Arbeit.«

Mein Vater starrte mich nachdenklich an. Ich schien irgendetwas in ihm berührt zu haben. Dazu muss man wissen, dass mein Vater eigentlich ein guter Mensch ist.

Er hatte nur leider die Angewohnheit, alle und jeden für seine Situation verantwortlich zu machen. Dadurch fühlte er sich als Opfer und die anderen hatten halt Glück.

Jetzt aber öffnete er sich ein wenig. »Ein Unternehmer, den ich beliefere, hat mir auch einmal etwas über Glück gesagt. Wie war das noch... Ach ja, er sagte: Einmal Glück hat nur der Dumme. Der Kluge hat oft Glück. Ich habe damals nicht verstanden, was Glück mit Klugheit zu haben soll. Aber jetzt macht es Sinn. Wenn Glück nämlich das Ergebnis von Vorbereitung und Arbeit ist, dann habe ich umso mehr Glück, je mehr ich mich vorbereite und arbeite.«

Meine Mutter konnte ihm nicht so ganz folgen. »Wie bereitest du dich denn darauf vor, so viel Geld zu verdienen?«, wollte sie von mir wissen.

Ich erzählte von meinem Erfolgs-Journal, in dem ich jeden Morgen schrieb. Ich schob vorsorglich nach, dass die Chauffeurin und alle anderen Angestellten von Herrn Goldstern dies ebenfalls taten.

»Und was soll das bringen?« Mein Vater bezweifelte den Sinn.

»Wie viel wir verdienen, hängt mit unserem Selbstvertrauen zusammen. Und das hat damit zu tun, ob wir uns auf die Dinge konzentrieren, die wir können, oder auf die Dinge, die wir nicht können. Ohne mein Erfolgs-Journal hätte ich mich nie damit beschäftigt, wo ich überall Geld verdienen könnte.«

Mein Vater nickte leise vor sich hin. Es würde mich nicht wundern, wenn er heimlich angefangen hatte, ebenfalls ein Erfolgs-Journal zu führen. Aber er hätte es sicherlich nicht so leicht zugegeben.

Ich spürte, dass er jetzt offen war für meine Idee. »Papa, warum redest du nicht einmal mit Herrn Goldstern über deine Finanzen?«, schlug ich vor.

»Ich glaube nicht, dass er daran Interesse hätte«, zweifelte er.

»Ich habe mit ihm schon darüber gesprochen«, beeilte ich mich zu sagen. »Er würde sich sehr freuen.« Und um es meinem Vater leichter zu machen, fügte ich noch hinzu: »Das gibt Herrn Goldstern die Möglichkeit etwas für dich zu tun, nachdem wir seinen Hund aufgenommen haben.«

»Aber über Geld spricht man nicht!«, zitierte meine Mutter einen der platten Sprüche, die man ihr einmal beigebracht hatte, als sie selbst noch ein Kind war.

Ich war mutig geworden. »Habt ihr einmal überlegt, wie oft ihr am Tisch über eure finanziellen Probleme gesprochen habt? Immer ging es darum, kurzfristig irgendwie über die Runden zu kommen. Es wäre sicherlich klüger einmal über eine kluge langfristige Lösung zu reden.«

Meine Mutter und mein Vater schauten sich bedeutungsvoll an. Vor kurzem noch hätte es schon längst ein Donnerwetter gegeben, wenn ich so etwas gesagt hätte. Aber jetzt hatten meine Eltern begonnen mich zu akzeptieren. Sie hörten mir wirklich zu und dachten über meine Worte nach. Ich fühlte, wie wichtig es ist Geld zu verdienen und gut damit umzugehen, wenn man ernst genommen werden will.

Meine Mutter war zuerst einverstanden mit Herrn Goldstern zu sprechen. Ich glaube, das hatte stark damit zu tun, dass sie ihn bisher noch nicht kennen gelernt hatte und sehr neugierig war. Ich rief also den reichen Mann an und vereinbarte für meine Eltern einen Termin.

Ich jubelte innerlich. Denn ich konnte mir sicher sein, dass Herr Goldstern meinen Eltern helfen würde. Das heißt, verbesserte ich mich in Gedanken, er würde ihnen zeigen, wie sie sich selbst würden helfen können.

Frau Trumpfs Rückkehr

Dann kam der Tag, an dem Frau Trumpf wieder nach Hause kam. Ich richtete es so ein, dass ich bei ihrer Ankunft ebenfalls anwesend war. Denn ich wollte sie auf das schon Geschehene vorbereiten. Zwei Polizisten waren auch schon dort. Die hatten sich über die Rückkehr informiert und wollten die alte Dame ebenfalls abpassen und die Formalitäten regeln.

Sie nahm es erstaunlich gut auf. Ihre ersten Worte, nachdem sie von den Einbrechern gehört hatte, waren: »Die dummen Burschen. Sie sollten lieber an die Börse gehen. Dort gibt es mehr Geld zu holen als bei mir.« Sie war schon eine tolle Frau.

Die Polizisten berichteten überschwänglich von dem großen Mut von Marcel, Monika und mir. Sie zeigten ihr auch den Zeitungsartikel von dem Ereignis. Dann übergaben sie eine Aufstellung von den sichergestellten Schätzen aus der Truhe im Keller. Alles war sorgfältig in einem Polizeitresor aufbewahrt worden.

Frau Trumpf war gerührt und bedankte sich liebevoll bei mir. Als die Polizisten gegangen waren, konnte ich endlich ungestört mit ihr reden.

»Warum sind Sie so ein Risiko eingegangen und haben so viel Geld und das Gold zu Hause aufbewahrt?«, drängte es mich zu wissen.

»Das hat mehrere Gründe«, erläuterte mir die alte Dame. »Erstens habe ich Lust, manchmal damit zu spielen. Ich mag Gold und Bargeld.« Kritisch schaute ich mir die alte Dame an. Ich war mir nicht sicher, ob es in Ordnung war, Geld so zu mögen. Und dass sie das so offen zugab... Aber dann erinnerte ich mich, wie viel Spaß es Marcel und mir gemacht hatte, den Inhalt der Truhe zu bewundern, zu zählen und die einzelnen Goldbarren zu betasten. Warum sollte eigentlich eine ältere Dame nicht das gleiche Glücksgefühl haben, wenn sie ihre Truhe öffnet. Zumal alles ihr gehörte.

Frau Trumpf fuhr fort: »Zweitens ist das so eine Art Notgroschen. Ganz gleich was passiert, in meiner Truhe habe ich immer genug, um einige Jahre zu leben.«

»Ganz schön viel für einen Notgroschen«, lachte ich.

»Das hängt davon ab, wie viel Geld jemand insgesamt besitzt«, erklärte Frau Trumpf. »Es wäre unsinnig, mehr als fünf bis zehn Prozent seines Geldes in bar zu Hause zu verwahren.«

Ich pfiff leise durch die Zähne. Die alte Frau musste ganz schön viel Geld haben.

»Drittens lege ich einen großen Teil meines Geldes in Aktien an. Das beinhaltet ein gewisses Risiko. Darum ist es klug, wenigstens einen Teil flüssig zu haben. Aber das werde ich dir bei Gelegenheit erklären.«

Frau Trumpf schien es überhaupt nicht eilig zu haben aufzuräumen. Sie liebte es eben zu reden.

»Ja, aber jetzt wäre es fast gestohlen worden«, erinnerte ich sie.

»Das wäre in der Tat schade gewesen. Denn die Diebe hätten nicht lange Freude daran gehabt«, sagte die alte Frau bestimmt.

»Aber sie hätten doch den ganzen Schatz gehabt«, wunderte ich mich laut. »Warum sollten sie daran keine Freude gehabt haben?«

»Das ist schwer zu erklären. Lass es mich so versuchen: Geld bleibt nur bei dem, der sich darauf vorbereitet hat. Jemand, der es unrechtmäßig erhalten hat, der wird sich sogar damit schlechter fühlen als ohne Geld.«

»Das verstehe ich nicht«, erwiderte ich verwirrt. »Warum unternehmen dann Einbrecher überhaupt diese ganzen Anstrengungen?«

Frau Trumpf dachte einen Moment nach: »Weil sie denken, dass sich ihre Situation verändert, wenn sie mehr Geld haben. Sie glauben, dass Geld glücklich macht.«

»Meine Eltern glauben das auch«, sinnierte ich. »Sie sind davon überzeugt, dass sie ohne Geldsorgen ein tolles Leben hätten.«

»Dann begehen deine Eltern den gleichen Denkfehler wie viele Menschen. Wer ein glücklicheres und erfüllteres Leben will, der muss sich selbst ändern. Geld kann dies nicht für ihn übernehmen. Geld an sich macht weder glücklich noch unglücklich. Geld ist neutral, weder gut noch schlecht. Erst in dem Moment, in dem es jemandem gehört, bekommt Geld eine gute oder schlechte Bedeutung für einen Menschen. Dann wird es entweder für gute oder weniger gute Zwecke eingesetzt. Ein glücklicher Mensch wird mit Geld noch glücklicher. Ein negativer Mensch, der sich Sorgen macht, wird mit mehr Geld noch mehr Sorgen haben.«

»Meine Mutter sagt immer, dass Geld den Charakter verdirbt«, wandte ich ein.

»Geld zeigt den Charakter«, erläuterte Frau Trumpf. »Geld ist wie ein Vergrößerungsglas. Es hilft dir stärker auszuleben, was du bist. Als guter Mensch kannst du mit Geld viele gute Dinge tun. Wenn du ein Einbrecher bist, dann wirst du das Geld wahrscheinlich für unintelligente Dinge verplempern.«

Ich musste eine Weile über die Worte der alten Frau nachdenken. Mir hatte Geld geholfen. Ich hatte Respekt von meinen Eltern, von meinem Cousin, Marcel, von der Kundenberaterin in der Bank, Frau Heinen, von dem reichen Herrn Goldstern und von den Hanenkamps erhalten. Außerdem respektierte ich mich selbst. Ich konnte mich mit interessanten Menschen unterhalten. Mein Leben war spannender geworden. Ich dachte über mehr Dinge nach. Insgesamt war ich glücklicher und hatte ein größeres Selbstwertgefühl.

Als ob die Frau meine Gedanken gelesen hätte, sagte sie: »Geld kann eine sehr hilfreiche Kraft in unserem Leben sein. Geld hebt gewissermaßen unser gesamtes Leben auf ein höheres Niveau. Alle anderen Bereiche des Lebens werden durch Geld unterstützt. Wir können unsere Ziele und Träume mit Geld leichter umsetzen. Das gilt natürlich auch für die guten wie die schlechten Ziele.«

Ich beschloss, dass es mir also darum besser ging, weil ich gute Ziele hatte. Jetzt verstand ich erst so richtig, warum Money gleich am Anfang darauf bestanden hatte, dass ich als Erstes meine Ziele festlegen sollte. Ich war nun davon überzeugt, dass Geld nicht meinen Charakter verderben würde.

Dankbar schaute ich auf Money, der sich neben meinen Füßen bequem zum Schlafen hingelegt hatte.

Die alte Frau knüpfte an unser voriges Thema an: »Ich habe nur einen Teil meines Bargeldes in der Truhe. Den anderen Teil habe ich in einem Safe in der Bank. Die Einbrecher hätten mich also niemals in Schwierigkeiten bringen können.«

Plötzlich hatte sie eine Idee: »Ich würde mich gerne bei euch bedanken. Ich würde es aber gerne so tun, dass ihr euer ganzes Leben etwas davon habt. Darum schlage ich vor, dass deine Freunde und du mit mir zusammen einen Investmentclub gründen.«

»Einen was?«, fragte ich.

»Das heißt, wir investieren zusammen. Jeder legt zum Beispiel fünfzig Mark pro Monat in einen gemeinsamen Topf und wir legen das Geld zusammen an.«

Jetzt hatte sie mich begeistert. »Sie zeigen uns, wie wir goldene Eier von unseren Gänsen bekommen«, rief ich aufgeregt.

Jetzt war es an Frau Trumpf verwirrt zu sein. Ich erzählte ihr darum die Geschichte von der Gans und den goldenen Eiern. Frau Trumpf war beeindruckt.

»Diese Geschichte beschreibt eigentlich genau das, was ich mache«, freute sich die alte Frau. »Ich habe es aber auf die harte Tour lernen müssen. Du weißt gar nicht, wie gut du es hast, dass du den richtigen Umgang mit Geld schon so früh begreifst.«

Was sie sagte, machte mich natürlich stolz. Glücklich schaute ich auf Money, der im Halbschlaf leicht mit dem Schwanz wedelte. Ich nahm mir vor, diese Komplimente morgen früh in mein Erfolgs-Journal zu schreiben. Überhaupt ertappte ich mich immer häufiger dabei, dass ich während des Tages schon nach meinen Erfolgen Ausschau hielt. Während mir früher zuerst in den Sinn gekommen war, warum etwas nicht funktionieren würde, konzentrierte ich mich jetzt viel stärker auf die Dinge, die ich konnte. Dadurch suchte ich viel mehr nach Wegen als nach Entschuldigungen.

Ich hätte schon gerne einiges über die Investmentgruppe gelernt, aber Frau Trumpf wollte uns dreien lieber alles zusammen erklären. Ich versprach mit Monika und Marcel einen Termin auszumachen, um mit der alten Frau den Investmentclub zu gründen.

Bevor ich mich verabschiedete, gab sie mir hundertvierzig Mark. Zehn Mark für jeden Tag, an dem ich auf Bianca aufgepasst hatte. Rasch lief ich mit Money zur Bank, um die Hälfte dieses Geldes auf mein Gans-Konto einzuzahlen.

Kaum war ich im Bankgebäude, kam auch schon Frau Heinen auf mich zugelaufen. Sie hatte von uns in der Zeitung gelesen und wollte mich endlich beglückwünschen und mir sagen, wie stolz sie auf mich war. Sie war gerade dabei in ihre Pause zu gehen und lud mich zu einer Limonade ein. Gerne ging ich mit ihr.

»Dein Kontostand hat sich aber hervorragend entwickelt«, lobte mich Frau Heinen. »Mich beeindruckt, wie klug du sparst. Du verdienst zwar nicht ganz so viel wie die Erwachsenen. Aber du behältst viel mehr übrig als die meisten.«

Ich wurde vor Stolz ein wenig rot. Die freundliche Bankerin dachte einen Moment nach: »Aber was machst du eigentlich mit all dem Geld, das du nicht für die Gans brauchst?«

»Das teile ich in fünf Teile auf. Einen Teil gebe ich aus und von den anderen vier Teilen lege ich jeweils zwei in eine meiner Traumdosen. Sonst kann ich ja nicht nach San Francisco und ein Laptop wäre auch nicht drin.«

Frau Heinen schaute mich begeistert an. »Dein System ist ja noch klüger, als ich es zunächst vermutet hatte. Warte einen Moment, ich muss einen Telefonanruf machen.«

Nach einigen Minuten kam sie zurück und strahlte. Geheimnisvoll sagte sie: »Kira, ich glaube, dass alle Kinder von deinem System wissen sollten. Das würde ihr Leben so viel leichter und schöner machen. Also habe ich mir überlegt, wie wir möglichst viele erreichen können. Dazu musst du wissen, dass ich im Elternrat der Schule meiner Kinder bin. Dort wird in einigen Tagen eine große Veranstaltung für alle Schüler und ihre Eltern stattfinden. Das wäre ein guter Moment, um von deinem System zu erzählen. Darum habe ich gerade den Schulleiter angerufen und es ihm vorgeschlagen. Er ist einverstanden!«

Verständnislos schaute ich Frau Heinen an.

»Na, du wirst vor ihnen eine Rede halten«, klärte sie mich auf.

Mir lief ein Hitzestoß über den ganzen Körper. Meine Ohren fingen an zu glühen und mein Magen krampfte sich zusammen. Ich stellte mir vor, wie ich vor einen Raum voller Menschen treten sollte und einen Vortrag halten sollte.

»Das werde ich aber auf gar keinen Fall tun!«, sagte ich entschieden. »Da würde ich vor Angst sterben.«

Frau Heinen lachte.

»Und außerdem wüsste ich gar nicht, was ich da erzählen könnte.«

Die Kundenberaterin schien sich aber nicht so schnell von ihrer Idee lösen zu wollen. Nachdenklich schaute sie aus dem Fenster. »Weißt du«, begann sie nach einer Weile, »ich bekomme durch meine Arbeit mit, wie die meisten Menschen mit Geld umgehen. Und viele schütten auch ihr Herz bei mir aus. Du glaubst gar nicht, wie viel Kummer und Leid dadurch entsteht, wenn man den Umgang mit Geld nicht lernt. Es stimmt zwar, dass Geld vielleicht nicht das Wichtigste im Leben ist. Aber in dem Moment, in dem es an allen Ecken und Kanten fehlt, da wird es ungeheuer wichtig. So wichtig, dass alle anderen Bereiche des Lebens darunter leiden. Menschen werden buchstäblich krank, zanken sich in ihren Beziehungen und fühlen sich elend und nutzlos. Es gibt nun mal niemanden, der den Menschen beibringt, wie leicht es ist, Geld zu einer positiven Kraft in seinem Leben zu machen. Es müsste eigentlich schon in der Schule ein Fach über den Umgang mit Geld geben.« Frau Heinen seufzte. »Aber das gibt es nicht. Darum wäre es so wichtig, dass du dein System nicht nur für dich behältst.«

Was sie sagte, leuchtete mir ein. Ich hatte selber festgestellt, wie viel interessanter mein Leben geworden war, seit ich gelernt hatte mit Geld umzugehen. Aber ich war mir sicher, dass ich niemals eine Rede halten könnte. »Ich würde aber kein einziges Wort herausbekommen«, sagte ich verzweifelt.

»Was hältst du denn von folgender Idee: Du und ich gehen gemeinsam nach vorne. Ich stelle dir Fragen und du beantwortest sie. Du brauchst dabei immer nur das erzählen, was du erlebt hast. Und wenn du stockst, kann ich einspringen und dir helfen.«

Ich war nicht überzeugt. »Warum erklären Sie nicht besser alles alleine? Sie kennen sich aus, Sie arbeiten in einer Bank.«

»Weil es einen viel größeren Eindruck hinterlassen würde, wenn du es sagst«, erwiderte Frau Heinen. »Von mir würde es wie das altkluge Geschwätz einer Bankfrau klingen. Aber mit dir können sich die Kinder identifizieren. Du machst etwas, was alle anderen Kinder eigentlich auch tun können.«

»Trotzdem würde ich wahrscheinlich nur herumstottern«, wandte ich ein. »Ich habe einfach zu viel Angst davor.«

»Ich würde mich jedenfalls sehr freuen, wenn du noch einmal darüber nachdenkst. Kein Mensch will dich zwingen etwas zu tun, was du nicht tun willst. Nur du kannst dich selbst zwingen.«

Ich verabschiedete mich und verließ nachdenklich die Bank. Besonders über den letzten Satz von Frau Heinen grübelte ich. »Du selbst kannst dich zwingen.« Warum sollte ich mich zwingen?

Ich war noch ganz in Gedanken, als ich bei den Hanenkamps ankam. Ich wollte Napoleon abholen. Aber der hatte sich eine Pfote entzündet und musste sich schonen. Herr Hanenkamp lud mich zu einem Stück Kuchen ein. Seine Frau hatte gebacken und es duftete herrlich. Ich verschlang drei Stücke, redete aber nicht viel.

»Du bist so schweigsam«, stellte der alte Mann fest. »Hast du ein Problem?«

Ich berichtete von dem Vorschlag von Frau Heinen und von meiner Angst.

»Ich würde es auf jeden Fall tun«, rief der Mann sehr entschieden.

»Aber Sie selber haben doch gesagt, dass Sie immer nur die Dinge getan haben, die Ihnen Spaß gemacht haben.«

»Stimmt genau«, erwiderte er. »Ich hatte eine Leidenschaft, und das war fotografieren. Also habe ich meine Lehre abgebrochen und bin dreizehn Jahre durch die Welt gezogen. Es war eine herrliche Zeit. Aber ich habe nicht viel Geld verdient. Dann wollte ich sehen, ob ich auch als Geschäftsmann tauge, und habe ein Fotogeschäft eröffnet. Das habe ich dann nach einigen Jahren erfolgreich verkauft und habe mir ein kleines Hotel in der Karibik gekauft. Wieder in Europa habe ich dann mit Immobilien gehandelt. Wieder habe ich gut verdient. Nur Geld anlegen konnte ich niemals gut. Aber dafür hat meine Frau das Näschen und die Lust.«

Ich staunte, was der alte Mann alles erlebt hatte. Das muss ein sehr spannendes Leben gewesen sein. »Aber das bestätigt doch nur, dass Sie immer nur das getan haben, wozu Sie Lust hatten«, beharrte ich.

»Lust ja!«, bestätigte Herr Hanenkamp. »Aber auch fast immer eine gehörige Portion Angst. Oder glaubst du, es war mir leicht gefallen meine Lehre abzubrechen und einfach in die Welt zu fahren? Ich hatte vor Angst Magenschmerzen. Ich hatte auch Angst davor, mich in der Geschäftswelt zu versuchen - mit all den steifen Typen.«

Er schaute mich eindringlich an: »Die schönsten Dinge in meinem Leben ergaben sich, weil ich etwas gemacht habe, wovor ich Angst hatte.«

Ungläubig starrte ich ihn an. Nur die Dinge zu tun, die einem Spaß machen, hatte ich mir schöner und vor allem einfacher vorgestellt.

»Schau dir meine Frau an«, fuhr der alte Mann fort. »Sie war schon als junges Ding sehr schön. Ich war aber niemals eine attraktive Erscheinung. Ich sah sie zum ersten

Mal in einem Zug. Ich verliebte mich sofort in sie und ich wusste, dass ich sie wahrscheinlich nie wiedersehen würde, wenn ich sie jetzt nicht ansprechen würde. Das Abteil war voll besetzt und ich sass ihr gegenüber. Ich glaube, ich habe nie einen schrecklicheren Moment der Angst erlebt, als sie in dieser Situation vor den anderen Leuten anzusprechen. An der nächsten Station musste ich aussteigen und ich hatte nicht mehr viel Zeit. Ich wäre fast gestorben. Was, wenn sie mich abweisen würde! Vor all den anderen Reisenden. Was für eine Blamage! Aber ich habe es gewagt. Und schau dir an, welch eine Belohnung ich dafür bekommen habe. Das Wertvollste in meinem Leben.« Liebevoll streichelte er seiner Frau über die Hand.

Frau Hanenkamp fügte hinzu: »Die wertvollsten Geschenke machen wir uns selber. Wer die Angst vor Blamagen überwindet, dem steht die Welt offen.«

Das mochte ja alles stimmen, aber es nahm mir nicht dieses fiese Gefühl im Magen weg. Wenn ich nur an die Zuhörer dachte!

Herr Hanenkamp hatte eine Idee: »Kira, stell dir einmal vor, du hättest keine Angst. Du wärst auch kein bisschen nervös. Würdest du dann Spaß daran haben, deine Geschichte zu erzählen?«

Ich musste daran denken, wie oft ich inzwischen die Geschichte von der Gans erzählt hatte. Und immer hatte ich Freude daran. Darum antwortete ich: »Wenn nur ein oder zwei Personen zuhören, dann macht es mir wirklich Spaß.«

»Du müsstest also nur etwas tun, das du kannst. Denn wer sich mit zwei Personen unterhalten kann, der kann sich auch mit zweihundert unterhalten. Es würde dich also deine Angst davor zurückhalten, etwas zu tun, das dir Spaß macht!«, triumphierte der alte Mann. »Du kannst aber nur wachsen, wenn du deine Angst überwindest.«

Ich musste daran denken, wie viel Angst ich davor hatte, in den Keller von Frau Trumpf zu gehen. Und wie stolz ich hinterher war. Dadurch verschwand meine Angst aber jetzt nicht.

»Das Leben ist aber manchmal schwierig«, stöhnte ich.

»Und herrlich!« Frau Hanenkamp streichelte versonnen die Hand ihres Mannes.

Ich hatte erneut den festen Eindruck, dass die beiden sehr glücklich waren. Es war leicht von ihnen zu lernen.

Die grosse Krise

Als ich nach Hause kam, merkte ich sofort, dass etwas nicht in Ordnung war. Mein Vater lief aufgebracht umher. Meine Mutter saß über den Küchentisch gebeugt und weinte bitterlich. Money hatte sich vorsichtshalber in den Büschen im Garten versteckt. Als er mich sah, rannte er sofort hinter mir her ins Haus.

Vorsichtig erkundigte ich mich nach der Ursache für all die Aufregung. Meine Mutter schluchzte anstelle einer Antwort nur noch lauter. Mein Vater nahm sich zusammen und weihte mich mit Katastrophenmiene ein: »Wir sind mit unseren Raten für das Haus im Rückstand. Jetzt haben wir einen bösen Brief von der Bank erhalten. Darin wird uns gedroht, innerhalb einer bestimmten Frist zu zahlen, oder man wird uns den Kredit aufkündigen.«

»Ja und?«, fragte ich. »Was passiert dann?«

»Dann wird man uns das Haus wegnehmen, weil wir so viel Geld natürlich nicht aufbringen können.« Die Augen meines Vaters schimmerten feucht. Es sah so aus, als wenn er auch jeden Moment anfangen würde zu heulen.

»Dann werden wir wieder in einer kleinen Wohnung leben müssen. Diese Blamage!«, schluchzte meine Mutter erbarmungswürdig.

»Und wir kommen unser Leben lang nie mehr von unseren Schulden runter.« Mein Vater sah die Zukunft in düsteren Farben.

»Und wir werden uns nichts mehr leisten können«, ergänzte meine Mutter heulend.

»Das wird nicht passieren«, versuchte ich halbherzig zu beruhigen. Ich fühlte, dass ich hier jetzt nicht viel ausrichten konnte. Darum ging ich schnell mit Money in den Wald. Jetzt brauchte ich wirklich seinen Rat.

Wir gingen zu unserem Versteck. Es schien so lange her zu sein, dass mir Money hier die ersten Lektionen über den Umgang mit Geld gegeben hatte. So viel hatte sich verändert.

»Ja, du hast dich stark weiterentwickelt«, hörte ich Moneys Stimme.

»Wie schön es ist wieder mit dir zu reden«, sagte ich und schlang meine Arme zärtlich um ihn.

»Ich muss nur so lange zu dir reden, wie du mich brauchst«, teilte mir der Labrador mit.

»Aber jetzt brauche ich dich sehr«, erwiderte ich bestimmt.

»Eigentlich brauchst du mich überhaupt nicht mehr. Die meisten Lektionen über Geld hast du aus Gesprächen mit Leuten gelernt, die selber vermögend sind. Das sind die besten Lehrmeister. Dir fehlt nur noch eine große Lektion: nämlich wie du Geld anlegen kannst. Und dafür hast du genügend Menschen, die dir dabei gerne helfen werden. Ich brauchte dich gewissermaßen nur auf die Spur zu setzen. Du hast alles alleine geschafft.«

»Ja, ja, aber das ist alles nicht so wichtig«, widersprach ich. »Ich brauche jetzt deine Hilfe, sonst verlieren wir unser Haus.«

»Papperlapapp.« Money verzog Nase und Oberlippe, als ob er etwas Scheußliches essen sollte. »Du hast doch die entscheidenden Schritte schon geregelt. Du hast doch für morgen einen Termin für deine Eltern mit Herrn

Goldstern ausgemacht. Der wird alles in Ordnung bringen.«

Das hatte ich ja ganz vergessen. Klar, in den reichen Mann konnte ich Vertrauen haben. Der konnte meinen Eltern sicher leicht helfen.

»Ich glaube, du hast gerade noch einen guten Grund dafür gefunden, reich zu werden«, schlug Money vor.

Verständnislos schaute ich den Hund an.

»Damit du zu einem Menschen wirst, der anderen helfen kann und von dem man sich auch gerne helfen lässt, weil man ihm vertraut«, setzte Money seinen Gedanken fort.

»Du meinst, ich kann zu einem Typ wie Goldstern werden?«, fragte ich entgeistert.

»Ja und nein«, antwortete Money. »Ja, weil du alles erreichen kannst, was du dir vornimmst. Und nein, weil du ja nicht genauso wie Herr Goldstern sein wirst, sondern deine eigene Persönlichkeit entwickelst. Aber du kannst genauso erfolgreich werden wie er, wenn du so weitermachst wie bisher.«

Jetzt war ich richtig baff. Daran hätte ich selbst im Traum nicht gedacht. Aber Money musste es wissen. Ich beschloss dieses Lob morgen sofort in mein Erfolgs-Journal zu schreiben. Das war das größte Kompliment, das ich in meinem ganzen Leben bekommen hatte. Ich könnte so erfolgreich werden wie Herr Goldstern. Was für ein Gedanke!

»Es liegt nur daran, dass du entscheidest, was du willst.«

»Das ist nicht schwer zu entscheiden«, erwiderte ich spontan.

»Natürlich würden die meisten Menschen dazu Ja sagen. Aber nicht alle wären bereit, das Notwendige dafür zu tun. Sie wollen nicht den Preis dafür zahlen.«

»Was muss ich denn dafür tun?«, erkundigte ich mich neugierig.

»Das Gleiche, was du jetzt bereits auch schon tust. Wichtig ist, dass du nicht aufhörst in deinem Erfolgs-Journal zu schreiben, nachdem du bereits einige Erfolge gehabt hast.«

Dazu wollte ich mich gerne bereit erklären.

»Das ist nicht so leicht, wie du jetzt vielleicht denkst«, hörte ich Moneys Stimme eindringlich sagen. »Erfolge können überheblich machen. Wenn du überheblich und eingebildet wirst, dann hörst du auf zu lernen. Und wer nicht mehr lernt, hört auf als Persönlichkeit zu wachsen.«

Er ließ seine Worte einwirken und fuhr dann fort: »Solange du an deinem Erfolgs-Journal schreibst, machst du dir tiefere Gedanken über dich selbst, die Welt und die Gesetzmäßigkeiten des Erfolges. Dadurch verstehst du dich und deine Wünsche immer besser. Das versetzt dich dann erst in die Lage auch andere zu verstehen. Sich selbst und die Geheimnisse der Welt völlig zu verstehen ist ein Ideal, das wir nie vollkommen erreichen. Wir können uns diesem Ideal nur immer ein Stückchen weiter annähern.«

»Es macht mir aber einen riesigen Spaß in dem Journal zu schreiben«, dachte ich laut.

»Gut!« Moneys Stimme klang sehr ernst. »Aber zusätzlich darfst du vor Schwierigkeiten nicht davonlaufen. Angst vor Schwierigkeiten, Fehlern und Blamage hat das Leben von unzähligen Menschen zerstört.«

Ich wurde rot. »Da ist etwas, wovor ich aber richtig starke Angst habe. Und das, obwohl mir Frau Heinen und die beiden Hanenkamps sehr eindringlich zugeredet haben.« Ich erzählte ihm von dem Vorschlag der Bankerin. »Ich weiß, dass ich auf dieser Versammlung reden sollte, ich habe aber einfach zu viel Angst. Ich schaffe es nicht.«

Der weiße Labrador gab mir eine ungewöhnliche Antwort: »Komm, wir gehen dein Erfolgs-Journal holen.« Sprach's und verschwand. Verdutzt beeilte ich mich ihn einzuholen. Trotzdem ich so schnell lief, wie ich konnte, hatte ich gegen den Hund keine Chance. Money war natürlich lange vor mir zu Hause. Ich griff rasch nach dem Journal und wir liefen wieder zurück in den Wald. Völlig außer Atem erreichte ich erneut unser Versteck.

»Es gibt etwas, das du immer tun kannst, wenn du glaubst etwas nicht zu schaffen«, sprach der weiße Labrador, nachdem ich mich etwas erholt hatte. Du blätterst einfach in deinem Erfolgs-Journal und suchst nach den Beweisen in deiner Vergangenheit, dass du auch in Zukunft alles schaffen kannst.«

Ich schaute durch die Aufzeichnungen in meinem Buch. Wovor hatte ich nicht alles Angst gehabt, was sich hinterher als recht einfach herausgestellt hatte: Als ich Herrn Hanenkamp vorschlug Napoleon auszuführen, als ich Herrn Goldstern kennen lernte. Angst in den Keller zu gehen, und dann davor, von meiner Mutter ausgelacht zu werden, wie damals, als sie meine Traumdosen entdeckte. Ganz schlimm war die Angst, Money zu verlieren...

»Glaubst du nicht auch, dass du zu viel mehr in der Lage bist, als du manchmal denkst?«, forschte der Hund.

Es war eigenartig. Tatsächlich spürte ich zum ersten Mal weniger Angst davor, auf der Versammlung zu sprechen. Je mehr ich mich daran erinnerte, was ich alles schon geschafft hatte, desto zuversichtlicher wurde ich. Plötzlich merkte ich, dass ich gar keine lähmende Angst mehr hatte, sondern nur sehr nervös und aufgeregt war, wenn ich an die Rede dachte. Aber ich spürte plötzlich, dass ich es schaffen konnte.

Money hatte mich aufmerksam beobachtet. »Das ist ja wie Zauberei«, staunte ich. »Eben war ich noch fest davon überzeugt, dass ich es niemals würde tun können. Und jetzt will ich es sogar irgendwie. Obwohl ich brutal nervös sein werde.«

Ich hatte ein tolles Gefühl im Bauch. Auch die Hanenkamps und Frau Heinen würden bestimmt sehr stolz sein auf meine Entscheidung.

Money leckte mir freudig ins Gesicht. Ich hatte es ihm immer noch nicht abgewöhnt und glaube auch nicht, dass ich das jemals schaffen werde.

Ich konnte es noch gar nicht fassen – es war wie Zauberei. »Wie ist das möglich?«, staunte ich.

Money schien zu lächeln. »Angst entsteht immer dann, wenn wir uns ausmalen, wie etwas nicht kommen soll. Je mehr wir überlegen, was alles schief laufen könnte, desto mehr Angst haben wir. Wenn du nun aber in dein Erfolgs-Journal schaust, dann konzentrierst du dich auf deine Erfolge. Dadurch malst du dir automatisch aus, wie es kommen soll.«

Ich war mir nicht sicher, ob ich das richtig verstanden hatte.

Money fasste seine Erklärung noch einmal zusammen: »Während du an positive Ziele denkst, kann keine Angst aufkommen.«

»Richtig begriffen habe ich das nicht«, ich zuckte die Achseln. »Aber sicherlich ist es wie mit der Elektrizität. Es reicht, wenn ich weiß, dass es funktioniert.«

Money kniff zustimmend die Augen zusammen.

Wir verließen erneut unser Versteck. Aber diesmal gingen wir langsam.

Bevor ich schlafen gehen konnte, hatte ich noch eine Menge zu tun. Ich musste meine Eltern beruhigen. Als ich sie an Herrn Goldstern erinnerte, hörte meine Mutter wenigstens auf zu heulen. Dann rief ich Marcel und Monika an und erzählte ihnen von dem Angebot von Frau Trumpf, eine Investmentgruppe mit uns zu gründen.

Am nächsten Morgen holte die nette Chauffeurin meine Eltern ab. Herr Goldstern sagte, es sei wohl besser, wenn er alleine mit meinen Eltern spricht. Ich weiß nicht genau, was er mit ihnen im Einzelnen besprochen und geregelt hat. Sie waren sehr lange weg. Aber als sie wiederkamen, sahen sie sehr, sehr glücklich aus.

Sie teilten mir nur mit, dass Herr Goldstern eine Aussetzung ihrer Zahlungen für einige Monate erreicht hatte und ihre Raten um zweiunddreißig Prozent gesenkt hatte. Dadurch hatten sie jetzt monatlich mehr Geld zur Verfügung. Davon wollten sie eine Hälfte für Notfälle sparen und mit der anderen Hälfte wollten sie eine eigene Gans schaffen.

Ich umarmte meine Eltern glücklich. Und dann schloss ich Money in meine Arme. Sie konnten nicht wissen, dass ich mich so bei Money bedankte. Lange streichelte ich den schönen weißen Labrador. Er genoss es schweigend. Und dann hat er mir doch tatsächlich wieder mitten durchs Gesicht geleckt...

Ich ging auf mein Zimmer und war in einer Partystimmung. Ich nahm den Zettel mit meinen Zielen aus meinem Erfolgs-Journal heraus. Hier stand es: Eins meiner drei wichtigsten Ziele war: meinen Eltern mit ihren Schulden zu helfen. Das hatte ich getan – zwar durch Herrn Goldstern, aber das Treffen hatte ich zustande gebracht. Feierlich nahm ich einen roten Stift und machte einen großen Haken daran. Dann machte ich eine außerordentliche Eintragung in mein Erfolgs-Journal. Irgendwie schien mir das die Sache aber nicht ausreichend zu würdigen. Also notierte ich auf der letzten Seite meines Erfolgs-Journals eine große Überschrift: MEINE ALLERGRÖSSTEN ERFOLGE. Darunter schrieb ich dann: 1. Meinen Eltern dazu verholfen, dass sie unter ihren Schulden nicht mehr leiden und gleichzeitig anfangen zu sparen.

Dann schaute ich voller Stolz auf meine Traumdosen. Bald würde es so weit sein, und ich würde sie »schlachten« können. Es war schon alles verrückt.

Der Investmentclub

Am Nachmittag war es endlich so weit: Marcel, Monika, ich – und natürlich Money – trafen uns bei Frau Trumpf. Die alte Dame hatte einen runden Tisch mit einer dunkelgrünen Tischdecke für uns vorbereitet und einen alten Kerzenständer mit sechs Kerzen darauf gestellt. Der Kerzenschein gab dem Ganzen einen feierlichen Eindruck. Für jeden von uns war ein Platz vorgesehen, auf dem ein kleiner Ordner mit einem Umschlag lag.

Wir durften zunächst nichts anrühren. Wir waren unglaublich gespannt, was nun kommen würde.

»Hiermit eröffnen wir unsere erste Investment-Sitzung«, sprach Frau Trumpf feierlich. »Als Erstes brauchen wir einen Namen für unsere Gruppe.«

Da war sie bei uns richtig. Wir hatten viele Ideen. Von *Geldspeicher* und *Goldene Gans* bis zu *Zauberlehrlinge* und *Dukatenteufelchen*. Dann hatten wir noch *Investment-Dreamteam, Die goldenen Vier, Geldrakete* und *Kimamo Trumpf*. Bei Kimamo hatten wir einfach jeweils die ersten beiden Anfangsbuchstaben unserer Namen genommen und daraus ein Wort gemacht. Wir beschlossen schließlich, dass die beste Idee von Monika kam: *Geldmagier*. Wir hatten alle festgestellt, dass Geld wie aus dem Nichts geschaffen wurde, wenn man unsere Zauberformel kannte:

- entscheiden, dass man Geld mag und will;
- Selbstvertrauen, Ideen und etwas tun, was man liebt;
- das Geld einteilen für tägliche Ausgaben, Traumziele und Gans-Konto;

- dann klug investieren
- und alles genießen.

Wir nahmen den bereitgelegten Stift und schrieben Geldmagier und unseren Namen auf unseren Ordner. Marcel musste lachen. Es handelte sich um Stifte, die goldfarben schrieben, und alle mussten lachen. Frau Trumpf hatte wirklich an alles gedacht.

Dann durften wir den Ordner öffnen. Auf die erste Seite schrieben wir unsere Zauberformel. Dann sagte die alte Frau sehr ernst: »Wir brauchen einige Regeln, damit wir sicher sein können, mit unserer Investmentgruppe großen Erfolg zu haben. Ich habe die Regeln auf der zweiten Seite aufgeschrieben.« Wir schlugen die Seite rasch um und lasen:

1. Treffen einmal pro Monat.
2. Anwesenheit ist Pflicht.
3. Jeder bringt einen Betrag Bargeld mit.
4. Das Geld darf nicht entnommen werden, da wir eine Gans wachsen lassen wollen.
5. Alle Entscheidungen werden zusammen getroffen.

Wir machten also einen festen Tag aus, an dem wir uns einmal im Monat treffen wollten. Dann legten wir fest, dass wir jeder hundert Mark pro Monat einlegen wollten. Das konnten wir alle locker schaffen. Marcel und ich, weil wir sehr gut verdienten, und Monika, weil sie so viel Taschengeld bekam. Wir wollten zusammen ein Konto aufmachen, über das wir nur zusammen verfügen konnten.

Wir notierten alle Dinge, die wir beschlossen.

Frau Trumpf machte es spannend. »Ich habe mir überlegt, wie ich euch für euren Mut danken kann. Da bin ich auf die Idee gekommen, dass ich jedem von euch eine

Ersteinlage für unseren Investmentclub schenke. Ihr könnt jetzt die Umschläge aufmachen.«

Das ließen wir uns nicht zweimal sagen. Wir wollten unseren Augen nicht trauen: in jedem Umschlag lagen fünf Tausend-Mark-Scheine. Was auch immer wir uns heimlich vorgestellt hatten, mit 5.000 Mark hatte keiner gerechnet. Mir wurde ein wenig schwindelig. So viel Geld hatte ich noch nie auf einem Haufen gesehen.

»Das können wir nicht annehmen«, sagte Marcel zaghaft. Und Monika stimmte ihm bei: »Wir haben doch eigentlich gar nichts gemacht!«

Frau Trumpf sah das ganz anders: »Ihr habt mir einen großen Dienst erwiesen. Wenn das Geld gestohlen worden wäre, hätte mir das nicht so viel ausgemacht. Aber an meinem Schmuck, den ich von meinem Mann geschenkt bekommen habe, hänge ich doch sehr. Immer wenn ich ein Teil davon anziehe, fallen mir die wunderschönen Momente ein, die mein Mann und ich zusammen hatten.«

Ich fühlte mich auch ein wenig unbehaglich. Ich spürte aber, wie wichtig es Frau Trumpf war uns dieses Geld zu schenken. Darum stand ich einfach spontan auf und umarmte sie. Es musste eine Zeit her gewesen sein, dass sie jemand in die Arme genommen hatte, denn sie war ganz gerührt. Monika schloss sich mir sofort an. Ich gab Marcel einen Wink und er gehorchte zögernd.

Nachdem wir uns bedankt hatten, setzten wir uns wieder hin. Die alte Frau wirkte überglücklich. Wir spielten eine ganze Weile mit den Tausend-Mark-Scheinen. So viel Geld!

»Wir können also jetzt zusammen 20.000 Mark anlegen«, schlussfolgerte die alte Frau, denn sie wollte natürlich auch 5.000 Mark als ihren Beitrag dazutun. »Dazu kommen dann von jedem 100 Mark pro Monat, also 400 Mark zusammen. Das sind pro Jahr 4.800 Mark. In sechs Jahren haben wir auf diese Weise insgesamt 48.800 Mark gespart, wenn wir die 20.000 Mark dazurechnen. Da wir das Geld aber anlegen werden, wird es mehr. Viel mehr.«

»Wie viel denn?«, wollte Monika wissen.

»Das erkläre ich euch nachher«, antwortete die alte Frau. »Jetzt aber sollten wir schnell zu einer Bank gehen, um ein gemeinsames Konto für dieses Geld zu eröffnen. Wer kennt einen netten Banker?«

»Ich!«, beeilte ich mich zu sagen. Denn wer könnte besser sein als Frau Heinen? Also steckten wir unser Geld in die Tasche und gingen zur Bank. Da staunte Frau Heinen aber, als wir alle unsere fünf großen Scheine auf den Tisch legten. Sie fand die Idee natürlich hervorragend. Sie ermöglichte es uns, dass das Konto *Geldmagier* hieß. Auch auf den Kontoauszügen würde *Geldmagier* stehen. Als die anderen schon gehen wollten, blieb ich noch einen Moment, denn ich wollte Frau Heinen ja noch etwas mitteilen. Ich erzählte ihr von meinem Entschluss, auf der Schulversammlung zu sprechen.

Die Bankerin schaute mich stolz an. Wir verabredeten uns für einen Abend, an dem sie zu mir nach Hause kommen wollte, um die Rede zu proben.

Rasch lief ich den anderen hinterher und holte sie bald ein. War das ein Gefühl, als wir zusammen durch die Straßen gingen. Wir *Geldmagier*. Monika schlug vor, dass wir uns nur noch mit *Geldmagier* anreden sollten. Das war Marcel doch ein wenig zu viel. Aber Monika ließ sich nicht davon abbringen.

Wieder im Hexenhäuschen angekommen erwartete uns unsere erste Schulung. Wir mussten ja nun entscheiden, wie wir unser Geld anlegen wollten.

Frau Trumpf begann, nachdem wir uns alle an den runden Tisch gesetzt hatten: »Geld anzulegen ist viel leichter, als die meisten Menschen denken. Denn im Grunde genommen müssen wir nur drei Dinge beachten. Ich habe sie auf der Seite drei in eurem Ordner notiert.«

Rasch schlugen wir die Seite drei auf. Ich las laut vor:

1. Mein Geld soll sicher angelegt sein.

»Klar«, kommentierte Marcel das, »sonst ist die ganze Kohle futsch.«

»Stimmt genau«, pflichtete Frau Trumpf bei. Ich las den nächsten Punkt.

2. Mein Geld soll viele goldene Eier legen.

Frau Trumpf erklärte: »Wir wollen natürlich möglichst viele Zinsen haben. Also sollten wir schauen, wo wir die besten Zinsen bekommen. Dazu müsst ihr wissen, dass die größten Gewinne immer mit Aktien gemacht werden.« Uns fehlte nur noch der letzte Punkt.

3. Unsere Anlagen sollen leicht verständlich sein. »Und leicht zu handhaben«, vervollständigte ich. »Wie ein Konto auf der Bank«, ergänzte Frau Trumpf. »Es muss alles einfach spielend leicht gehen.« Das fand besonders Monika sehr wichtig. Sie hatte nämlich insgeheim Angst gehabt, dass sie nicht alles verstehen würde.

»Also legen wir alles in Aktien an«, schlussfolgerte Marcel.

»Was sind eigentlich Aktien?«, erkundigte sich Monika. Marcel schaute sie überheblich an: »Jedes Kind weiß doch, was Aktien sind!«

Frau Trumpf forderte ihn auf: »Dann sei doch so nett und erkläre es der Monika kurz.«

»Kein Problem«, begann Marcel. »Aktien sind, wenn man, ...ähm, ja wenn man an der Börse, äh, äh, ...also wenn man spekuliert, ...«

Er war knallrot geworden und stockte. Die alte Frau sagte freundlich: »Genau das ist auch das Problem bei vielen Erwachsenen. Alle wissen etwas über Aktien, aber wenige wissen genau, was das eigentlich ist.«

Ich musste eingestehen, dass ich außer dem Wort »Aktien« überhaupt nichts darüber wusste.

»Stellt euch vor«, fuhr die alte Dame fort, »Marcel will für seinen Brötchenservice einen Computer für 2.500 Mark kaufen. Das würde ihm die Arbeit sehr erleichtern und er würde viel Zeit sparen. Er will aber nicht sein eigenes Geld dafür verwenden. Dann kann er sich das Geld leihen. Entweder bei einer Bank, dann nimmt er einen Kredit auf. Dann muss er aber den Kredit regelmäßig zurückzahlen und außerdem Zinsen zahlen. Wenn man aber nichts zahlen will, gibt es noch eine ganz andere Möglichkeit: er fragt euch beide. Er bittet euch ihm Geld für seine Firma zu geben, ohne euch etwas zurückzuzahlen und ohne euch dafür Zinsen zu geben. Angenommen, jeder von euch gibt ihm 800 Mark.«

»Warum sollten wir das tun?«, fragte Monika verdutzt.

»Genau das ist der Punkt.«, beeilte sich Frau Trumpf zu erklären. »Ihr solltet es nur tun, wenn ihr etwas davon habt. Wenn Marcel euch dafür an seiner Firma beteiligt, dann kann das Sinn machen.«

»Wie kann so etwas aussehen?«, wollte ich wissen.

»Zum Beispiel könntet ihr verabreden, dass jedem von euch 10% von seiner Firma gehören. Sagen wir, seine Firma hat einen Wert von 10.000 Mark.«

»Und woher wissen wir den Wert?«, fragte ich.

»Der Wert bestimmt sich einzig und alleine daran, wie viel jemand bereit ist für etwas zu bezahlen«, erklärte die alte Frau.

Marcel hatte sofort eine Idee dazu: »Vielleicht kauft es ja ein anderer Bäcker, damit er neue Brötchenkunden bekommt. Weil die dann vielleicht noch ganz andere Dinge bei ihm kaufen würden, würde sich das bestimmt lohnen.«

Frau Trumpf nickte zustimmend. »Du denkst sehr geschäftstüchtig«, lobte sie ihn. Marcel freute sich sichtbar. Dann fuhr Frau Trumpf fort: »Wenn er nun die Firma verkauft, und jemand ist bereit, dafür 10.000 Mark zu bezahlen, dann behält er seine 80%, also 8.000 Mark. Jeder von euch beiden bekommt aber seine 10%, also 1.000 Mark.«

»Dann würde ich ja 200 Mark mehr bekommen, als ich ihm gegeben habe!«, frohlockte Monika.

»Schlaues Kind!«, kicherte Marcel. Monika schickte ihm einen strafenden Blick.

»Das heißt aber«, sinnierte ich, »dass ich nur Geld verdienen kann, wenn die Firma verkauft wird?«

»Nicht ganz«, erwiderte die alte Dame. »Es könnte auch sein, dass jemand anderes dir deine 10% abkaufen will. Dann bestimmst du den Preis, zu dem du verkaufen willst. Angenommen, du willst 1.100 Mark dafür haben, dann hast du sehr schnell einen guten Gewinn gemacht.«

»Dann verlange ich lieber 2.000 Mark«, rief Monika.

»Das wäre logisch«, pflichtete Frau Trumpf bei. »Aber dann könnte es sein, dass dir niemand deine 10% abkauft. Jemand kauft nämlich nur, wenn er glaubt, dass er irgendwann teurer verkaufen kann. Und genau das geschieht jeden Tag an den Börsen. Börsen sind die Orte, an denen sich die Leute treffen, die Anteile an Firmen kaufen und verkaufen. Immer in der Hoffnung, dass irgendjemand sie ihnen in der Zukunft für mehr Geld abkaufen wird.«

»Aber das kann niemand genau wissen«, sinnierte ich.

»Das ist korrekt«, stimmte mir die alte Frau zu. »Aber man kann schon erahnen, ob die Firma von Marcel das Zeug hat, ihren Wert zu steigern.«

»Und wenn sich der Wert meiner Firma steigert, dann werden auch eure Anteile, also eure 10% mehr wert«, erkannte Marcel. »Und in der Hoffnung, dass sich der Wert noch weiter steigert, bezahlt jemand unter Umständen noch mehr Geld für die Anteile.«

Ich schaute ihn bewundernd an. »Wie schnell du solche Dinge begreifst!«

»Ja, das tut er!«, lobte ihn Frau Trumpf erneut. »Nicht jedem fällt das so leicht.«

»Mir zum Beispiel fällt das überhaupt nicht leicht!«, meckerte Monika.

»Und genau das ist das Gute an den Aktien«, frohlockte die alte Frau. »Man braucht nicht selber eine Firma zu gründen; man kann sich einfach an einer Firma beteiligen. Indem man Anteile, also Aktien kauft.«

»Ich kann also praktisch andere für mich mit meinem Geld arbeiten lassen«, freute sich Monika.

Ich war noch nicht so ganz überzeugt. »Was ist aber, wenn niemand meine Anteile kaufen will?«

»Dann musst du mit dem Preis so lange runtergehen, bis jemand sagt, jetzt lohnt es sich auf jeden Fall. Käufer gibt es immer, aber die Frage ist, zu welchem Preis«, erklärte die alte Dame.

»Ich kann also dabei auch Geld verlieren«, kritisierte ich. Das gefiel mir überhaupt nicht.

»Das ist richtig«, stimmte mir Frau Trumpf zu. »Aber du machst nur Verluste, wenn du verkaufst. Wenn du die Anteile behältst, kann es sein, dass in Zukunft doch jemand bereit ist, mehr dafür zu bezahlen.«

»Und in der Zwischenzeit habe ich gar nichts davon?«, wunderte ich mich.

»Du bist in der Zwischenzeit an allen Gewinnen beteiligt«, widersprach mir die alte Dame. »Immer wenn Gewinne gemacht werden, werden die unter allen aufgeteilt, die Anteile besitzen. Man nennt das Dividenden.«

»Das heißt, Marcel muss uns regelmäßig etwas von seinem Verdienst abgeben?«, freute sich Monika.

»Bei den Firmen sieht das so aus, dass einmal im Jahr ausgerechnet wird, wie viel Gewinn gemacht wurde. Dann wird festgelegt, was mit dem Geld gemacht wird. Es könnten zum Beispiel mit einem Teil des Geldes neue Dinge gekauft werden, damit die Firma noch besser arbeiten kann. Und der andere Teil wird unter alle aufgeteilt, denen die Anteile gehören.«

»Und wer bestimmt das?«, wollte Monika wissen.

»Alle die, denen Anteile gehören. Die Mehrheit entscheidet. Man nennt das Aktionärsversammlung«, lehrte Frau Trumpf.

»Mir gefällt der Gedanke, dass ich nicht selber alle die Dinge können muss, die Marcel in seiner Firma wissen muss«, fasste Monika das Gespräch für sich zusammen. »Trotzdem kann ich mit meinen Anteilen genauso viel verdienen wie er. Das ist schon genial.«

»Aber man muss schon ziemlich viel über die Firma wissen«, ergänzte ich. Ich schaute noch einmal auf das Blatt mit den drei Kriterien für eine gute Geldanlage. »Aktien scheinen mir nach allem, was Sie uns erklärt haben, weder besonders sicher und auch nicht immer leicht zu verstehen und zu handhaben zu sein. Nur der zweite Punkt scheint erfüllt zu sein: hohe Gewinnmöglichkeit.«

»Wenn man selber Aktien kaufen will, dann stimmt das«, pflichtete Frau Trumpf mir bei. »Aber man kann auch andere die Firmen aussuchen lassen, von denen die Anteile gekauft werden sollen.«

»Ich glaube, dass ist eher etwas für mich«, empfand ich. »Wer könnte denn so etwas für uns tun?«

»Das werde ich euch in Ruhe erklären, wenn wir uns das nächste Mal treffen«, sagte Frau Trumpf bestimmt. »Für heute haben wir bereits eine Menge gelernt und auch schon das Geld auf die Bank gebracht. Im nächsten Schritt werde ich euch erklären, wie jedes Kind bereits an den Gewinnen der Aktien teilnehmen kann, ohne tatsächlich irgendetwas Genaueres darüber zu wissen.«

Marcel war überhaupt nicht einverstanden: »Als kluger Geschäftsmann möchte ich aber mein Geld nicht einfach nur so auf der Bank liegen lassen. Da bringt es doch überhaupt keine Zinsen.«

Die alte Frau lachte. »Du machst mir Spaß! Du konzentrierst dich wirklich darauf Gewinne zu machen. Darum gelingt dir das auch ganz gut. Denn worauf wir uns konzentrieren, das wird in unserem Leben wachsen.«

»Also sollten wir doch unser Geld sofort investieren?«, fragte mein Cousin.

»Nein!«, widersprach Frau Trumpf. »Man muss nicht immer sein Geld sofort anlegen. Bevor ihr investiert, müsst ihr genauer wissen, was ihr tut. Bevor wir unsere ersten Investitionen machen, will ich euch eine geniale Anlageform erklären. Außerdem will ich euch Unterlagen darüber besorgen. Es gibt nämlich eine Möglichkeit, wie ihr an allen Firmen teilhaben könnt, die Kindern Spaß machen.«

»Ich mag McDonalds und Coca Cola«, beeilte ich mich zu sagen.

»Und ich mag Toys "R" us«, rief Monika.

»Dann werde ich euch zeigen, wie ihr euch an diesen Firmen und an weiteren beteiligen könnt«, versprach die alte Frau geheimnisvoll.

Wir waren uns alle einig, dass wir uns am liebsten schon wieder morgen treffen wollten. Aber Frau Trumpf erbat sich einige Tage, um die Unterlagen zu besorgen. Also beschlossen wir *Geldmagier* uns in fünf Tagen wieder zu versammeln.

Die Rede

Inzwischen hatte mich Frau Heinen besucht. Wir hatten über die Rede gesprochen, die ich halten sollte. Ich war der Meinung gewesen, dass ich am besten alles Wort für Wort aufschreiben sollte. Aber Frau Heinen hatte Erfahrung mit Reden. Sie riet mir davon ab. Weil sonst alles so unnatürlich wirken würde.

So beschlossen wir bei unserem ersten Plan zu bleiben. Frau Heinen wollte mir Fragen stellen und ich würde sie beantworten. Wir legten die Fragen fest und ich probte die Antwort. Das war alles.

Der Samstag, an dem die Veranstaltung stattfinden sollte, rückte immer näher. Ich wurde immer nervöser. Fast wünschte ich mir, krank zu werden oder dass die ganze Veranstaltung ausfallen würde.

Schließlich kam der Samstag Morgen. Ich hatte ganz miserabel geschlafen. Außerdem wachte ich viel zu früh auf. Die Zeit schien stillzustehen. So langsam steigerte ich mich in eine Panik hinein. Ich konnte keinen klaren Gedanken mehr fassen. An Frühstück war überhaupt nicht zu denken. Ich hätte keinen Bissen hinuntergebracht.

Was ich da vorhatte, war der reine Wahnsinn. Warum hatte ich mich bloß dazu überreden lassen? Ich musste kurzfristig den Verstand verloren haben. Komfortzone verlassen hin, Komfortzone verlassen her – so ein Rumoren im Magen konnte nicht gut sein. Es war einfach zu viel.

Da drückte sich Money Schwanz wedelnd an mich. »Du kannst mir jetzt auch nicht helfen«, seufzte ich. »Da habe ich mir etwas eingebrockt. Ich habe noch nie irgendwo eine Rede gehalten und jetzt muss ich ausgerechnet gleich vor ein paar Hundert Menschen sprechen.«

Dann fiel mir auf, dass Money etwas im Maul trug. Es war mein Erfolgs-Journal.

»Ist ja lieb von dir, Money«, sagte ich und schüttelte energisch meinen Kopf. »Aber das geht jetzt nicht. Ich kann mich jetzt auf nichts konzentrieren.«

Money bliebt hartnäckig. Auffordernd schaute er mich mit dem Journal im Maul an. Nervös drückte ich ihn ein wenig von mir weg.

Money machte ein flinkes Ausweichmanöver und ließ das Buch in meinen Schoß fallen. Als ich es weglegen wollte, bellte Money schnell ein paar Mal.

Ich musste lachen. Sofort fühlte ich mich etwas besser. Ich schlug das Journal auf. Dabei dachte ich unwillkürlich daran, was sich bei unserem letzten »Gespräch« ereignet hatte. Dadurch, dass ich in dem Journal geblättert hatte, hatte ich überhaupt erst den Mut für die Entscheidung bekommen, den Vortrag zu halten.

Versonnen schlug ich mein Buch auf und fing willkürlich an zu lesen. Was hatte ich nicht alles schon erreicht. Das Geld, das ich verdient hatte, die Jobs, die ich bekommen hatte, das Abenteuer im Hexenhäuschen, die neuen Konten auf der Bank, wie ich mit Geld umging, wie ich mitgeholfen hatte, dass es meinen Eltern besser ging... Ich hatte mich wider Erwarten in das Journal vertieft und wurde von meinem bevorstehenden Vortrag abgelenkt. Es schien so, als könnte ich so ziemlich alles, was ich mir vornahm, schaffen.

Ich hatte bestimmt eine halbe Stunde in meinem Erfolgs-Journal gelesen und fühlte mich viel, viel besser. Dann war es Zeit. Ich zog mich an und wollte mein Fahrrad aus der Garage holen.

Da kamen meine Eltern aus der Küche. Offensichtlich wollten sie mit mir fahren. Ich dachte, mich trifft der Schlag. Ich wäre im Traum nicht darauf gekommen, dass meine Eltern zuhören würden. Fast willenlos stieg ich mit Money zu ihnen ins Auto. Es war nur eine kurze Fahrt. Ich kuschelte mich an Money, was mich beruhigte.

Am Schuleingang wartete Frau Heinen schon auf mich. Sie begrüßte mich freudig und nahm mich bei der Hand. Wir gingen in die Aula der Schule. Sie war gerammelt voll. So viele Menschen! Wir setzten uns in die erste Reihe. Obwohl ich noch gar nicht an der Reihe war, schien mich jeder anzustarren.

Plötzlich hörte ich eine bekannte Stimme. Ich drehte mich in ihre Richtung. In dem Gang hinter mir sah ich in ein sehr vertrautes Gesicht. Herr Goldstern saß in seinem Rollstuhl. Seine freundliche Chauffeurin schob ihn auf uns zu. Erfreut begrüßte ich ihn.

»Kira, das ist ein ganz besonderer Tag für dich!« Er erwiderte meinen Gruß. »Ich wollte es mir nicht entgehen lassen dabei zu sein. Deine Eltern haben mir davon erzählt.«

Ich konnte vor Rührung nichts sagen. Da erst erkannte ich, dass Herr Goldstern von einer ganzen Gruppe von guten Bekannten begleitet wurde. Marcel, Monika, Frau Trumpf, Herr und Frau Hanenkamp. Alle waren gekommen. Ich begrüßte alle. Zwar war ich noch unglaublich nervös, aber es gab mir Sicherheit, alle meine Freunde hier zu sehen. Obwohl ich tausend Schmetterlinge im Bauch hatte, wusste ich plötzlich, dass mir nichts passieren konnte.

Frau Heinen gab mir ein Zeichen. Wir waren an der Reihe. Ich stand auf und gab Money spontan zu verstehen, dass er mir folgen sollte. Es mag ein wenig komisch ausgesehen haben, dass ich mit dem Hund auf die Bühne ging. Aber ich fand es angebracht.

Wir stellten uns an ein Mikrofon und Frau Heinen begann zu sprechen: »Liebe Schüler und Schülerinnen, liebe Eltern, liebe Lehrer. Sie wissen, wie sehr es mir am Herzen liegt, dass bereits Kinder den richtigen Umgang mit Geld erlernen. Lange habe ich nach einer geeigneten Form gesucht, Ihnen das Thema Geld nahe zu bringen. Dann ist mir eines Tages eine sehr junge Kundin begegnet, die besser mit Geld umgeht als die meisten Erwachsenen. Sie verdient jeden Monat viel Geld und hat ein hervorragendes System, dieses Geld aufzuteilen. Ich rede von einem ganz normalen Mädchen, das vor kurzem Schwierigkeiten hatte, mit ihrem Taschengeld zurechtzukommen. Aber dann hat sie einige gute Tipps bekommen und verfügt heute bereits über so viel Geld, dass sie sich zwei ihrer grössten Wünsche mit ihrem eigenen Geld finanzieren kann: eine Reise nach Kalifornien und einen Laptop.

Diese junge Dame heißt Kira und hat sich bereit erklärt, Ihnen von ihrem System zu berichten.«

Dann wandte sich Frau Heinen an mich: »Willkommen in unserer Schule, Kira. Herzlichen Glückwunsch zu deinem Erfolg. Ich freue mich, dass du uns einige Fragen beantworten willst. Meine erste Frage: Wie teilst du dein Geld ein?«

Ich erzählte den Zuhörern von meinem System und die Geschichte von der Gans, die goldene Eier legt. Frau Heinen stellte weitere Fragen, die sich auf meine Verdienstideen für Kinder, auf mein Erfolgs-Journal und vieles mehr bezogen.

Ich schaute bei der Beantwortung vor allem auf Herrn Goldstern, der fleißig nickte, und auf Marcel, der dauernd mit dem Daumen nach oben zeigte. Damit wollte er andeuten, wie gut er meine Antworten fand. Meine ganze Nervosität war verschwunden.

Als ich schließlich meinen letzten Satz gesagt hatte und Frau Heinen sich feierlich bei mir bedankte, brach ein riesiger Applaus aus, in den Money kräftig hineinbellte. Ich wollte schnell von der Bühne laufen, aber Frau Heinen hielt mich fest. So musste ich mich widerstrebend eine ganze Zeit lang feiern lassen. Das war schon ein eigenartiges Gefühl.

Als ich bei meinen Freunden war, sammelte ich Lob ein. Meine Mutter nahm mich stolz in ihre Arme, während mein Vater mir durchs Haar wuschelte. Als sich der erste Ansturm gelegt hatte, sagte Herr Goldstern eindringlich: »Ich bin stolz auf dich.«

Verschämt wehrte ich ab: »Ich war sehr nervös und habe eine ganze Menge von den Dingen vergessen, die ich sagen wollte.«

Herr Goldstern ließ nicht locker: »Du hast viel Talent zu sprechen und die Menschen hören dir gerne zu. Niemand weiß, was du noch alles hättest sagen können oder wollen. Und du solltest versuchen mein Lob einfach anzunehmen. Was ich dir nämlich gerade gesagt habe, sage ich nicht oft: Ich bin wirklich stolz auf dich.«

Er machte eine kurze Pause, damit seine Worte so richtig einwirken konnten. Dann fuhr er fort: »Du hättest aber nie erfahren, wozu du in der Lage bist, wenn du dich gedrückt hättest. Die Dinge, auf die wir am meisten stolz sind, sind am schwierigsten zu tun. Vergiss das nie.«

Glücklich lächelte ich. War ich froh, dass ich es gemacht hatte!

Nach der Veranstaltung drängelte sich noch eine Frau zu mir. Sie stellte sich als Leiterin eines Verlags vor. Sie wollte mir vorschlagen meine Geschichte als Buch zu veröffentlichen.

Marcel hatte mitgehört und war sofort begeistert: »Ich hätte auch schon einen Titel! Vom Puppengehirn zum Geldmagier.«

Ich warf ihm einen strafenden Blick zu. Insgesamt war ich wenig begeistert, gab ihr aber meine Telefonnummer. Ich konnte doch niemandem verraten, dass ich alles Money zu verdanken hatte.

Ich verabschiedete mich schnell von der Frau und sagte meinen Eltern, dass ich zu Fuß nach Hause gehen würde. Ich hatte einfach das dringende Bedürfnis mit Money alleine zu sein.

Stumm und glücklich ging ich mit meinem Labrador durch die Straßen. Zwischendurch kaufte ich ihm ein extra großes Paket Hundekuchen. Dann machten wir noch einen Umweg zu unserem Versteck.

Kaum hatte ich mich dort auf den Boden gesetzt, merkte ich, wie angespannt ich war. Jetzt löste sich die ganze Anspannung und ich weinte leise. Aber es war mir nicht unangenehm. Vielmehr war ich sehr glücklich und sehr stolz auf mich. Meine Gefühle hatten mich einfach überwältigt. Zum ersten Mal in meinem Leben spürte ich, dass ich richtig viel bewegen konnte.

Es erfüllte mich ein Gefühl großer Dankbarkeit. Wie sich mein Leben verändert hatte!

Noch ganz ergriffen schaute ich Money an. Dabei überkam mich das unbestimmte Gefühl, dass sich bald etwas in meiner Beziehung zu dem weißen Labrador ändern würde. Aber was es auch immer sein würde, es beunruhigte mich nicht.

Der Club investiert

Endlich trafen wir uns wieder im Hexenhäuschen von Frau Trumpf. Wir konnten es kaum erwarten unser Geld anzulegen.

Die alte Frau hatte bereits alles vorbereitet: unsere Plätze und die Kerzen. Als wir uns an den Tisch gesetzt hatten, eröffnete Frau Trumpf feierlich die Sitzung: »Liebe Geldmagier, heute ist ein großer Tag. Wir werden heute zum ersten Mal unser Geld investieren.«

Wir saßen alle regungslos da. Keiner sagte etwas.

»20.000 Mark sind viel Geld«, erklang die heisere Stimme von Frau Trumpf. »Darum ist es wichtig, dass wir klug vorgehen. Ich möchte euch einen Vorschlag machen. Investieren werden wir aber nur, wenn alle mit meinen Vorschlägen einverstanden sind.«

»Ich bin mit allem einverstanden«, sagte Monika schnell.

»Wir werden sehen«, sagte Frau Trumpf. »Zunächst möchte ich euch die Anlage vorstellen, die euch die Möglichkeit eröffnet, an den Firmen teilzuhaben, die euch gefallen.«

»Wir kaufen von all diesen Firmen Aktien«, schlug Marcel vor. »Zusammen haben wir ja Geld genug.«

»Erinnert ihr euch, dass ich euch einen einfacheren Weg versprochen hatte?« Frau Trumpf übernahm wieder das Gespräch. »Die Lösung heißt Fonds.«

»Fongs?«, wunderte sich Monika.

»Fonds, das wird zwar Fongs gesprochen, aber Fonds geschrieben«, erläuterte die alte Frau. »Ich habe euch ein Blatt vorgestellt, auf dem das Wichtigste steht.«

Es war an mir vorzulesen.

»Ein Fonds ist wie ein großer Topf, in den viele Anleger ihr Geld einlegen, weil sie nicht die Zeit, das Wissen oder den Spaß haben selber Aktien zu kaufen. Das Geld in diesem Topf wird von Geldprofis, den sogenannten Fondsmanagern, in Aktien investiert. Alles wird sehr genau vom Staat überprüft und die Fondsmanager müssen sich an bestimmte Richtlinien halten. So müssen sie zum Beispiel mindestens zwanzig verschiedene Aktien kaufen.«

»Warum denn das?«, unterbrach Marcel.

»Weil es mit einer Firma immer einmal schlecht laufen kann«, erklärte die alte Frau. »Angenommen, du hast 1.000 Mark und kaufst davon 20 Aktien, jede zu 50 Mark. Wenn jetzt die Aktie 40% verliert, dann kannst du sie nicht mehr für 50 Mark verkaufen, sondern nur noch für 30 Mark. Würdest du verkaufen, dann hättest du nur noch 600 Mark.«

»Dumm gelaufen«, kommentierte Marcel.

»Genau darum müssen Fondsmanager Aktien von mindestens zwanzig verschiedenen Firmen kaufen. Bleiben wir also einmal bei unserem Beispiel mit den 1.000 Mark. Angenommen, jetzt werden dafür 20 verschiedene Aktien gekauft. Wenn jetzt eine Aktie 40% von ihrem Wert verliert und die anderen auf dem gleichen Stand bleiben, dann hätten wir immer noch 980 Mark.«

Marcel rechnete das schnell nach: »Dann hätten wir auf die ganzen 1.000 Mark gerechnet nur 2% verloren.«

»Genau, du hast es erfasst!«, lobte ihn Frau Trumpf. »In Wahrheit werden einige Kurse fallen, einige steigen und einige ziemlich unverändert bleiben. Insgesamt aber überwiegen die Kurse, die steigen, weil die Fondsmanager sich ziemlich gut auskennen.«

»Und was ist, wenn alle Kurse zurückgehen?«, fragte ich ängstlich.

»Dann darfst du nicht verkaufen«, legte ihr die alte Frau dar. »Erinnerst du dich an das, was wir gesagt hatten, als wir beim letzten Mal über Aktien gesprochen hatten? Du machst nur Verluste, wenn du in einem solchen Moment tatsächlich verkaufst.«

Marcel dachte laut vor sich hin: »Dann dürfen wir nur das Geld in einen Fonds legen, das wir nicht bald wieder brauchen, stimmt's?!«

»Stimmt genau!«, freute sich die alte Frau. »Wir planen eine Anlage in einen Fonds, weil wir beabsichtigen, unser Geld für fünf bis zehn Jahre dort zu belassen. Wer so viel Zeit hat, für den ist ein Fonds eine Anlage mit nahezu null Risiko.«

»Klar, weil die meisten Aktien in dem Fonds innerhalb von so viel Zeit immer einen guten Gewinn machen«, folgerte Marcel.

Monika war unverhältnismäßig ruhig geblieben. Jetzt regte sie sich: »Was, wenn ein Fondsmanager mit unserem Geld abhaut?«

»Das kann er gar nicht, weil er das Geld niemals selber bekommt«, lächelte Frau Trumpf. »Das Geld wird direkt zu einer Depotbank überwiesen und wird auch dort verwaltet. Es ist hundertprozentig sicher.«

Wir waren alle mit den Erklärungen zufrieden. Ich las weiter vor:

»Fonds erfüllen alle Anforderungen für Investitionen. Sie sind so aufgebaut, dass sie sich auch ausgezeichnet für Kinder und Jugendliche eignen. Sie sind sicher, wenn auf das Geld fünf bis zehn Jahre verzichtet werden kann. Sie bringen gute Gewinne...«

»Was heißt gute Gewinne – wie viel ist das?«, unterbrach mich Marcel.

»Zwölf Prozent sind im Schnitt möglich«, antwortete unsere Lehrerin. »Das wissen wir, weil es viele erfolgreiche Fonds gibt, die solche Gewinne über viele, viele Jahre hinweg gemacht haben.«

»Wie viel ist zwölf Prozent?« erkundigte sich Monika.

»Doppelt so viel wie sechs Prozent«, schulmeisterte Marcel sie.

»Das stimmt diesmal nicht ganz, es ist im Ergebnis sogar wesentlich mehr«, erwiderte Frau Trumpf. »Ich will euch aber zunächst ein Beispiel geben, wie sich unser Geld bei 12% vermehren würde. Nach 20 Jahren wären unsere 20.000 Mark fast zehnmal so viel geworden. Also 200.000 Mark.«

»Wow!«, platzte Marcel heraus.

»Das wäre aber schon eine ganz schön fette Gans«, frohlockte ich. Die Geschichte mir der Gans, die goldene Eier legt, war mir inzwischen sehr vertraut.

»Und außerdem sparen wir ja jeder von uns 100 Mark pro Monat. Das sind zusammen 400 Mark. Wenn wir dafür auch 12% bekommen, dann sind das nach 20 Jahren über…«

Marcel unterbrach mich: »Das ist bestimmt viel Geld, aber wenn wir mehr sparen, werden wir noch mehr haben. Ich schlage vor, wir sparen jeder 250 Mark im Monat.«

»Das ist aber viel Geld«, wandte Frau Trumpf ein.

»Aber es lohnt sich«, half ich Marcel.

Monika war auch damit einverstanden. Und so war es also beschlossene Sache. Wir sparten von jetzt ab 250 Mark monatlich, also zusammen 1.000 Mark. Und wenn wir dafür 12% bekommen würden, dann wären das nach 20 Jahren über 870.000 Mark.

Wir saßen still, wie vom Blitz getroffen. Das war so unglaublich viel Geld, dass wir es gar nicht richtig begreifen konnten.

Natürlich war es zuerst Marcel, in den wieder Leben kam. »Dann haben wir ja zusammen über eine Million!«

»Wir können uns dann Millionär-Geldmagier nennen!«, freute sich Monika.

»Jeder von euch hätte dann genügend Geld, um eine kleine Wohnung zu kaufen oder genügend Eigenkapital für ein Haus. Und ihr wärt nicht einmal 35 Jahre alt.« Die alte Frau war über unsere Freude glücklich. »Solltet ihr euch aber dann entscheiden das Geld noch einmal 10 Jahre lang anzulegen, dann wird es sich noch einmal verdreifachen auf 3 Millionen.«

Mir wurde schwindelig. So viel Geld. Es gehörte uns natürlich allen zusammen. Aber der Anteil eines jeden von uns betrug immerhin über 270.000 Mark nach 20 Jahren und über 800.000 Mark nach 30 Jahren. Das war schon cool. Ich fand, dass wir den Namen unseres Clubs gut gewählt hatten. Wir waren wirklich Geldmagier.

Alle schauten mich an. Da fiel mir erst auf, dass ich vor lauter Freude ganz vergessen hatte weiterzulesen. Ich wurde rot. Rasch fuhr ich fort:

»Auch das dritte Kriterium wird durch einen Fonds erfüllt. Fonds sind sehr leicht zu händeln. Es geht fast so einfach vonstatten wie ein normales Konto.«

Damit hatte ich ja bereits Erfahrung, es war wirklich kinderleicht.

Frau Trumpf schaute uns der Reihe nach an: »Was haltet ihr davon, wenn wir unser Geld in solche Fonds anlegen?«

Monika war sofort einverstanden. Zu unserer Überraschung hatte sie die Vorteile auch sofort verstanden. »Da ist unser Geld sicher, bringt uns über eine Million in zwanzig Jahren und alles ist so leicht abzuwickeln, als wenn wir mit einem normalen Bankkonto arbeiten würden.«

Ich war natürlich ebenfalls begeistert.

Marcel zögerte noch. »Die Anlageform ist für uns optimal, aber woher wissen wir, welchen Fonds wir auswählen sollen? Wahrscheinlich gibt es viele verschiedene, genau wie es so viele verschiedene Aktien gibt.«

»Du hast Recht. Es gibt Tausende von verschiedenen Fonds«, pflichtete Frau Trumpf ihm bei. »Aber wenn wir genau hinschauen, kommen gar nicht so viele in Frage. Ich habe ein Blatt vorbereitet, auf dem ich aufgeschrieben habe, welche Kriterien unser optimaler Fonds erfüllen muss.«

Sie schaute mich an. Also schlug ich die nächste Seite auf und las wieder laut vor:

»Was wir beachten müssen, wenn wir nach einem guten Fonds Ausschau halten.

1. Der Fonds sollte schon mindestens zehn Jahre bestehen. Wenn er über einen solch langen Zeitraum gute Gewinne gemacht hat, dann können wir davon ausgehen, dass er auch in Zukunft gut laufen wird.

2. Es sollte sich um einen großen internationalen Aktienfonds handeln. Solche Fonds kaufen ihre Aktien auf der ganzen Welt. Dadurch streuen sie das Risiko breit und sind sehr sicher.
3. Auf Rennlisten werden die Fonds verglichen. Wir sollten uns anschauen, welche Fonds während der letzten zehn Jahre am besten abgeschlossen haben.«

Wir waren für einen Moment still und überdachten, was wir beachten sollten.

Marcel kräuselte seine Stirn. Das tat er immer, wenn er angestrengt nachdachte. »Wo finden wir eine solche Rennliste? Und woher wissen wir, welche Fonds große internationale Aktienfonds sind?«

»Wir wissen das«, sagte Monika geheimnisvoll, »indem wir die nächste Seite aufschlagen.« Sie hatte schon vorgeblättert.

Tatsächlich hatte Frau Trumpf eine Rennliste in unsere Ordner geheftet.

Wir studierten sie eifrig. Es war ganz einfach die besseren Fonds zu finden. Einige hatten einfach viel mehr Gewinne gemacht als die anderen.

»Was bedeutet Volatilität hier in der letzten Spalte?«, wollte Monika wissen.

»Das sind die Schwankungen. Je größer die Kurse schwanken, umso höher ist die Zahl in dieser Spalte. Dadurch kann der Anleger sehen, wie viele Nerven er braucht. Je größer die Schwankungen, desto größer das Wechselbad der Gefühle. Da steigt der Kurs plötzlich sehr stark und einige Tage später ist er unter Umständen stark gefallen.«

»Könnten wir sagen, je niedriger die Volatilität, desto niedriger das Risiko?«, erkundigte sich Marcel.

»In gewisser Weise stimmt das schon«, bejahte die alte Frau. »Eine niedrige Volatilität gibt auf jeden Fall ein höheres Gefühl der Sicherheit. Die Gewinne wachsen gleichmäßiger.«

»Warum nennt man es nicht einfach Schwankungen. Warum muss es so einen schwierigen Namen bekommen?«, meckerte Monika.

Wir mussten ihr Recht geben.

Frau Trumpf lachte. »Die Finanzleute sind schon manchmal ein merkwürdiges Volk. Vielleicht fühlen sie sich wichtiger, wenn sie mit Begriffen umherschmeißen, die außer ihnen keiner versteht. Schade ist nur, dass dadurch viele Menschen meinen eine Anlage nicht zu verstehen. Und was sie nicht verstehen, vertrauen sie nicht. Dabei ist es in Wahrheit so unglaublich einfach.«

Wir konnten also jetzt ablesen, wie viel Gewinne die Fonds gemacht hatten und wie beständig und ruhig sie sich entwickelt hatten.

Aber das zu wissen reichte uns ja nicht. »Woher wissen wir aber, welche von diesen Fonds wirklich groß sind und überall auf der Welt Aktien kaufen, sodass sie sehr sicher sind?«

Monika meldete sich: »Indem wir auf die nächste...«

»Schlaues Kind«, unterbrach ich sie und schlug schnell die nächste Seite auf. Frau Trumpf hatte uns eine Liste von zwanzig Fonds vorbereitet, auf der die Größe der Fonds beschrieben stand, die Gewinne der letzten zehn Jahre und der letzten drei Jahre. Außerdem stand dort geschrieben, wo der Fonds überall Aktien kauft. Sogar von welchen Firmen er besonders viele Aktien gekauft hat, stand dort.*

(Wir übersenden Ihnen gerne die aktuelle Liste von Frau Trumpf. Adresse: Gieratherstraße 245, 51469 Bergisch-Gladbach. Telefon: 0 22 02/12 37, Telefax: 0 22 02/ 12 38 88.)

»He he he«, hörten wir Marcel. »Hier ist ein großer Fonds, der seiner Beschreibung nach extra für Kinder gemacht wurde. Schaut euch mal an, von welchen Firmen er Aktien kauft: Coca-Cola, Toys'r'us, Disney, McDonalds und so weiter.«

»Mann, der ist auch ganz schön groß«, freute sich Monika.

»Und er hat super Gewinne gemacht in den letzten Jahren«, ergänzte ich. »Genau 15,42% pro Jahr.«

Wir waren uns schnell darin einig, dass dieser Fonds für uns optimal wäre.

Frau Trumpf lächelte zufrieden. »Ich hatte mir insgeheim genau diesen Fonds ausgesucht. Toll, dass wir zu dem gleichen Ergebnis gekommen sind.«

Sie schaute uns prüfend an. »Wisst Ihr eigentlich, was es heißt, wenn wir auch in Zukunft über 15% Gewinne machen würden?«

Wir zuckten mit den Achseln.

»Es gibt eine ganz einfache Formel, wenn ihr die anwendet, dann könnt ihr es euch sparen in komplizierte Tabellen zu schauen. Es handelt sich um die 72-Formel«, erläuterte die alte Frau. »Ihr teilt einfach 72 durch die Prozente, die ihr pro Jahr für euer Geld bekommt. Was ihr dann erhaltet, ist die Zahl der Jahre, bis sich euer Geld verdoppelt.«

»Hä?«, grunzte Monika.

»Wie viel ist 72 geteilt durch 12?«, fragte Frau Trumpf.

»Sechs«, rechnete Marcel blitzschnell.

»Korrekt! Das heißt, nach sechs Jahren hat sich dein Geld verdoppelt, wenn du 12% Zinsen bekommst.«

Marcel grübelte: »Wenn ich wissen will, wie das bei 15% aussieht, dann muss ich also 72 durch 15 teilen. Das sind... 4,8 Jahre.«

»Sagen wir einfach, in fünf Jahren verdoppelt sich euer Geld, wenn ihr es mit 15% anlegt«, vereinfachte die alte Frau die Rechnung. »Das heisst, wenn wir in Zukunft auch 15% erhielten, dann würden unsere 20.000 Mark in fünf Jahren bereits auf 40.000 Mark angewachsen sein. In zehn Jahren wären es 80.000. In 15 Jahren 160.000 und in 20 Jahren 320.000.«

»Das ist ja noch viel mehr, als wir angenommen hatten, als wir von 12% ausgegangen waren«, freute ich mich.

»Und dafür bräuchten wir es eigentlich nur in dem Fonds zu lassen. Das ist schon ein geniales System!« Monika war begeistert.

Nachdem wir uns einmal entschieden hatten, war der Rest ein Kinderspiel. Wir füllten ein Formular aus, auf dem wir alle vier unterschrieben. Das schickten wir zu der angegebenen Adresse. Die Fondsgesellschaft antwortete uns innerhalb von ein paar Tagen, dass sie uns ein Konto eröffnet hatte, und teilte uns die Kontonummer mit. Auf dieses Konto überwiesen wir dann die 20.000 Mark.

Wir hätten nun die 1.000 Mark, die wir monatlich sparen wollten, auch in diesen Fonds einzahlen können. Aber Frau Trumpf überzeugte uns, dass wir besser noch einen zweiten Fonds nehmen sollten. So hatten wir das Risiko besser gestreut.

Ich hatte in der letzten Zeit viel in mein Erfolgs-Journal schreiben können. Meine Rede und dass ich mich überhaupt dazu durchgerungen hatte. Die Komplimente. Mein Einkommen, das noch gestiegen war. Meine ersten Investitionen zusammen mit den Geldmagiern...

Ich brauchte auch nicht mehr lange nachzudenken. Es schien so: Je mehr ich in mein Journal schrieb, desto mehr Erfolge erzielte ich. Das musste damit zusammenhängen, dass ich mir immer mehr zutraute.

Mit Money hatte ich schon eine ganze Zeit lang nicht mehr geredet. Aber ich vermisste es auch nicht so bewusst. Es reichte mir mit ihm zu spielen und spazieren zu gehen. Ich liebte es einfach ihn um mich herum zu haben. Selbst wenn ich Hausaufgaben machte, legte er sich zu meinen Füßen und schaute mich eine ganze Zeit lang aufmerksam an. Irgendwann schlief er dann ein und dann ging etwas Beruhigendes von ihm aus.

Die Grosseltern scheuen das Risiko

Wir trafen uns natürlich weiterhin regelmäßig. Es gab immer viel zu lernen und zu besprechen. Wir notierten auch einmal im Monat die Kurse der Fonds. So wussten wir genau, was wir bekämen, wenn wir verkaufen würden.

Frau Trumpf war der Meinung, dass dies in Zukunft nicht nötig sei. Aber am Anfang lernten wir dadurch viel dazu. Sie sagte immer: »Am besten, wir investieren in einen großen Fonds und sehen ihn uns fünf bis zehn Jahre gar nicht an. Wenn wir dann nachschauen, wo die Kurse dann stehen, werden wir auf jeden Fall dicke Gewinne gemacht haben.«

Eine ganze Zeit lang dümpelten die Kurse vor sich hin. Es passierte so gut wie nichts. Keine Gewinne, keine Verluste. Aber im Oktober waren die Kurse unseres Fonds plötzlich drastisch gefallen. Unsere Anteile waren nur noch 14.128 Mark wert. Wir hatten ca. 25% verloren.

Betroffen saßen wir mit hängenden Köpfen am Tisch. Wir Geldmagier glichen eher sterbenden Schwänen. Damit hatten wir nicht gerechnet. Wir hatten uns vorgestellt, dass wir in einer steilen, geraden Linie auf die ersten 100.000 Mark zusteuern würden.

»Wir sollten die Kerzen ausblasen«, schlug ich vor. Mir war nämlich absolut nicht feierlich zumute.

Auch Marcel war merkwürdig still. Nur Monika fing sich ziemlich schnell. »Mein Vater hat heute am Küchentisch dazu etwas gesagt. Ich weiß nicht mehr genau, was das war, aber er schien auf keinen Fall beunruhigt. Er meinte, jetzt könne er zu einem guten Preis kaufen. Unter Wert, hat er gesagt.«

»Da hat er Recht!«, hörten wir Frau Trumpfs Stimme. Wir schauten sie an. Erst jetzt fiel uns auf, dass sie sehr ruhig und gelassen wirkte. Überhaupt nicht beunruhigt.

»Ihnen scheinen die Verluste überhaupt nichts auszumachen«, erkundigte sich Marcel.

»Weil wir keine Verluste haben.«

»Haben wir doch. Und zwar ziemlich genau 5.000 Mark. Und das ist für meinen Geschmack überhaupt nicht cool«, erwiderte Marcel trotzig.

»Verluste hätten wir nur, wenn wir heute verkaufen würden. Aber das tun wir ja nicht.«

»Trotzdem ist mir hundeelend zumute.«

»Was haben Hunde damit zu tun?«, fragte ich ungehalten.

Die Stimmung war sehr gereizt.

Frau Trumpf lachte vergnügt. »Beim ersten Kurseinbruch habe ich genauso reagiert. Ich habe den Tag verwünscht, an dem ich meine Papiere gekauft habe. Ich hatte außerdem eine riesige Angst, dass die Kurse noch weiter fallen könnten. Bei einem Kurseinbruch sind die Zeitungen ja voll von negativen Prognosen. Vom Beginn einer Weltwirtschaftskrise wird da geredet. Vom ewigen Börsenwinter.«

Marcel und ich schauten uns betroffen an. Daran hatten wir ja noch gar nicht gedacht. Die Kurse könnten noch weiter fallen!

Die alte Frau gluckste fröhlich vor sich hin. Wenn sie so albern lachte, konnten wir uns gar nicht so richtig Sorgen machen. »Von diesen so genannten Krisen habe ich einige erlebt. Aber in ein bis zwei Jahren hatten sich die Kurse immer wieder erholt. Jedesmal. Und so bin ich inzwischen sehr gelassen, wenn sich ein neuer Kurseinbruch ereignet.«

Ich war überhaupt nicht überzeugt. »Was aber, wenn wir wirklich einen ewigen Börsenwinter erleben, wie Sie eben erwähnt haben?«

»Wie das Wort schon sagt: Winter. Das ist eine Jahreszeit. Eine von vier Jahreszeiten. Und solange ich lebe, kam nach jedem Winter ein Frühling und ein Sommer und auf jeden Sommer ein Herbst und ein Winter. So wie in der Natur, so wechseln sich diese Jahreszeiten auch an der Börse immer wieder ab. Das war immer so und es wird auch immer so sein.«

»Dann wäre es aber doch am besten, wir hätten gewartet und wären erst im Winter eingestiegen«, sinnierte Marcel.

»Wenn wir vorher gewusst hätten, dass ein Winter vor der Tür steht – ja. Aber wir wussten es nicht. Die Kurse hätten auch steigen können. Dann hätten wir uns geärgert, wenn wir nicht dabei gewesen wären, denn es wären uns viele gute Gewinne entgangen.

Nun ist der Zeitpunkt gekommen, um nachzukaufen. Genau wie Monikas Vater gesagt hat. Wir können davon ausgehen, dass sich die Kurse in den nächsten drei bis fünf Jahren nicht nur wieder auf den alten Stand bewegen, sondern darüber hinaus außerdem noch 20 bis 30% zulegen.

Unsere ursprünglich investierten 20.000 Mark werden dann 24.000 bis 26.000 Mark wert sein. Wenn wir aber jetzt noch einmal 20.000 Mark investieren könnten, dann würden wir mit diesen 20.000 in der gleichen Zeit 40 bis 50% Gewinn machen. Diese zweiten 20.000 würden dann nämlich auf 28.000 bis 30.000 Mark anwachsen.«

»Weil wir dann unter Wert kaufen«, äffte Monika nach, was sie von ihrem Vater gehört hatte.

»Was heißt unter Wert kaufen?«, fragte ich.

»Das heißt«, erklärte die alte Frau, »dass wir jetzt Aktien und Fonds für weniger Geld kaufen könnten, als sie in Wahrheit wert sind. Und in kurzer Zeit ist auch wieder jemand bereit, so viel dafür zu bezahlen, wie sie wirklich wert sind. Dann hätten wir einen satten Gewinn gemacht.«

Marcel wollte wie immer eine schnelle Entscheidung treffen und handeln. »Wir sollten uns beeilen und kaufen, solange die Kurse noch unter Wert liegen. Lasst uns sehen, ob jeder von uns 5.000 Mark hat, damit wir noch einmal 20.000 Mark investieren können. Ich für meinen Teil habe das Geld. Wie steht es mit euch?«

Wir hatten alle gut verdient. Monika hatte außerdem mal wieder viel Geld geschenkt bekommen. Für Frau Trumpf war es sowieso kein Problem. Auch ich hatte einiges auf dem Konto, das ich investieren könnte. Trotzdem reichte es bei mir nicht ganz. Mir fehlten noch 2.740 Mark. Und an meine Traumdosen wollte ich nicht herangehen.

Ich wollte aber nicht, dass es an mir scheitern würde. Fieberhaft grübelte ich. Da fiel mir ein, dass meine Großeltern ein Sparbuch für mich angelegt hatten, das sie regelmäßig besparten. Es sollte für meine Aussteuer sein. Da waren mindestens 6.000 oder 7.000 Mark drauf.

Ich teilte den anderen meine Überlegungen mit. Wir beschlossen uns am nächsten Tag zu einer außerordentlichen Versammlung zu treffen. Bis dahin wollte ich mit meinen Großeltern sprechen. Denn das Sparbuch war sicherlich nicht der geeignete Ort, um Geld aufzubewahren. Herr Goldstern nannte Sparbücher immer »Geldvernichtungsmaschinen«.

Nachdem ich das Hexenhäuschen verlassen hatte, warteten einige Hunde auf mich, die ich versorgen musste. Nach dem Abendessen aber konnte ich endlich zu meinen Großeltern gehen. Ich bekam leckere Kekse vorgesetzt und den Spezialkakao von meiner Oma. Niemand auf der Welt konnte so guten Kakao machen.

Ich war mir sicher, dass meine Großeltern sofort einsehen würden, dass jetzt ein guter Moment zum Kaufen war. Da hatte ich mich aber gewaltig getäuscht.

Meine Eltern hatten schon viel von meinen Erfolgen berichtet. So konnte ich gleich auf das Wesentliche kommen. Während ich mich durch die Kekse futterte, erzählte ich von unserem Investmentclub. Ich hatte meinen Ordner dabei, den Frau Trumpf für uns zusammengestellt hatte. So konnte ich unsere Anlagen gut erklären. Auch die Entwicklung unserer beiden Fonds konnte ich gut darstellen, weil wir die Kurse immer notiert hatten.

Mein Großvater war entsetzt: »Kira, Kind, das ist doch viel zu gefährlich! Da wirst du dein ganzes Geld verlieren.«

Ich versuchte ihm klarzumachen, was ich gelernt hatte: Dass ich nur verlieren könnte, wenn ich in einem Crash verkaufen würde. Dass sich die Kurse immer wieder erholen, dass es immer einen Börsensommer und einen Börsenwinter gibt, dass die Tendenz an der Börse langfristig aber immer steigend ist, dass es in der Vergangenheit schon viele Krisen gegeben hat, auch richtig ernste, und dass die Kurse trotzdem immer wieder und immer weiter gestiegen sind.

Nichts von all dem konnte meinen Großvater überzeugen. Zumal er noch Rückendeckung von meiner Großmutter erhielt: »Kira, das Wichtigste ist die Sicherheit. Wir haben in unserem langen Leben schon manchen gesehen, der sein ganzes Geld verloren hat, weil er einem Betrüger aufgesessen ist.«

»Aber Oma, das kann man doch gar nicht vergleichen«, protestierte ich. »In den Fonds werden Milliarden verwaltet. Niemand kann mit dem Geld durchbrennen. Es wird vom Staat und von der Bank kontrolliert.«

»Aktien sind gefährlich«, mein Großvater hörte mir gar nicht richtig zu. »Lass bloß die Finger davon!«

»Ihr habt doch keine Ahnung«, entfuhr es mir. »Wie kann man nur so blind sein. Ihr müsst euch doch eine Anlage zuerst einmal anschauen, bevor ihr urteilt. Nur weil es für euch fremdartig ist, muss es doch nicht gefährlich sein.«

Meine Großmutter hob warnend die Finger: »Die Jugend muss lernen, auf die Alten zu hören. Wir haben viel Erfahrung in unserem langen Leben gesammelt.«

Mein Großvater setzte noch eins drauf: »Hochmut kommt vor dem Fall. Lieber den Spatz in der Hand, als die Taube auf dem Dach.«

Ich hätte am liebsten laut geschrien. So verabschiedete ich mich bald und ging völlig frustriert nach Hause. Ich hatte mein Anliegen nicht einmal vortragen können. Es war überhaupt nicht daran zu denken, dass ich von ihnen Geld für unseren Investmentclub bekommen würde. Stattdessen hatten meine Großeltern mir sogar bei meinen Anlagen hineinreden wollen. Ich wusste nicht mehr weiter. Außerdem war ich doch ein wenig verunsichert.

Zu Hause angekommen rief ich sofort Herrn Goldstern an. Der hatte zum Glück sofort Zeit für mich. Ich berichtete ihm von dem Kursverlust und von den Einwänden meiner Großeltern.

Er amüsierte sich köstlich. »Du musst deine Großeltern verstehen, sie meinen es gut mit dir. Sie wollen dich nur vor einem Verlust bewahren. Und das tun sie so gut, wie sie es eben wissen.«

»Aber das ist doch einfach dumm. Sie wollten mir gar nicht richtig zuhören.«

»Sie haben in ihrem langen Leben wahrscheinlich ein paar schlechte Erfahrungen gemacht und wollen jetzt sich selbst und dich beschützen. Das ist doch verständlich. Aber jetzt im Ernst, du solltest deinen Großeltern dankbar sein, denn durch sie wurdest du vielleicht von einem Fehler abgehalten.«

»Von welchem Fehler?«

»Ich halte es für keine gute Idee, wenn ihr jetzt mit 20.000 Mark nachkaufen würdet. Ich glaube, dass 10.000 Mark mehr als genug wären.«

»Warum denn das? Wir könnten doch viel mehr verdienen, wenn wir jetzt zusätzlich mit mehr Geld einsteigen würden.«

»Natürlich«, erklärte mir Herr Goldstern geduldig. »Aber was ist, wenn die Kurse weiter fallen? Dann wäre es gut, wenn du nicht zu viel investiert hättest. Außerdem wäre es dann gut, wenn du immer noch Geld hättest, um noch einmal nachzukaufen.«

»Aber wir wissen doch nicht, ob die Kurse wirklich noch weiter fallen.«

»Genau, wir wissen es nicht. Niemand weiß es. Alle Experten, die sich darin versuchen, die Zukunft vorauszusagen, haben sich immer wieder verhauen. Es kommt so oft anders, als wir denken. Und genau aus diesem Grund solltest du immer Barreserven haben. Du solltest nie dein ganzes Gans-Geld in Aktien oder Aktienfonds investieren.«

»Ich habe gedacht, dass Aktienfonds eine absolut sichere Anlage sind«, murmelte ich zweifelnd.

»Sie sind auch sehr sicher. Vor allem wenn du genug Zeit mitbringst. Selbst wenn die Kurse vorübergehend im Keller sein sollten, so werden sie sich doch immer wieder erholen. Aber aus Gründen der Risikostreuung solltest du immer einen Teil deines Geldes in absolut sichere Anlagen investieren.«

»Sagen Sie bloß, ich sollte Geld auf ein Sparbuch tun«, entfuhr es mir überrascht.

»Nein. Du kennst meine Meinung zu Sparbüchern. Da haben die Banken viel bessere Angebote. Du kannst zum Beispiel Tagesgeld kaufen. Darauf bekommst du Zinsen – je nach Marktlage. Zur Zeit sind es ca. 3,5%. Über dieses Geld kannst du aber jederzeit verfügen.«

»3,5% – das haut mich aber nicht gerade vom Hocker. So werde ich nie reich.«

Herr Goldstern lachte herzlich. »Nein, reich wirst du auf diese Art sicher nicht. Tatsächlich würdest du dein Vermögen sogar überhaupt nicht vermehren. Denn die Inflationsrate würde deine Zinsen komplett auffressen.«

»Was ist Inflation?«

»Wenn dein Geld weniger wert wird. Du kannst heute ein Brötchen für 50 Pfennig kaufen. Angenommen, es kostet in einigen Jahren 1 Mark. Dann würdest du für deine 50 Pfennig nur ein halbes Brötchen bekommen. Dann ist dein Geld also nur noch halb so viel wert. Das nennt man Inflation.«

»Und woher weiß ich, wie hoch die Inflation ist, die mein Geld frisst?«

»Die liegt zur Zeit bei ungefähr drei Prozent. Wenn du nun ausrechnen willst, was das genau bedeutet, dann habe ich eine ganz einfache Formel für dich. Die 72-Formel ist hier sehr praktisch, denn mit ihr können wir ausrechnen, wie viele Jahre es dauert, bis sich unser Geld verdoppelt. Nun, die 72-Formel läßt sich auch anwenden, um die Inflation zu verstehen. Sie sagt uns, wie lange es bei einer bestimmten Inflation dauert, bis sich der Geldwert halbiert hat. Rechne 72 geteilt durch die 3% Inflation. Das ergibt 24. Es dauert demnach also 24 Jahre, bis dein Geld nur noch halb so viel wert ist.«

Ich war erstaunt, wie schnell das ging. »Das heißt ja, dass die Inflation fast genau so hoch ist wie die Zinsen, die ich für das Tagesgeld bekommen würde.«

»Korrekt! Darum nenne ich Sparbücher ja auch Geldvernichtungsmaschinen. Denn die Zinsen, die du dort bekommst, fangen noch nicht einmal den Verlust auf, den du durch die Inflation erleidest.«

»Ja aber mit dem Tagesgeld ist es auch nicht viel besser.«

»Auch das ist korrekt. Aber es gibt da kaum eine Alternative. Schließlich willst du nicht dein ganzes Geld in Aktien investieren. Auch wenn du sehr jung bist, solltest du immer Reserven haben. Nur so streust du dein Risiko optimal.«

So richtig überzeugt war ich nicht. »Gibt es denn keine Möglichkeit, von einer Bank höhere Zinsen zu bekommen als die 3,5%?«

»Natürlich gibt es auch Anlagen, die dir höhere Zinsen bringen würden. Aber dann müsstest du dich verpflichten, dein Geld für längere Zeit festzulegen. Das hat den Nachteil, dass du nicht sofort handeln kannst, wenn ein günstiger Zeitpunkt zum Nachkaufen gekommen ist.«

»Wie viel Prozent meines Geldes sollte ich denn in dieses Tagesgeld investieren?«

»Das hängt ganz von der Situation ab, in der du dich befindest. Da du sehr jung bist, reichen dir zwanzig Prozent.« Ich spürte, dass er mir heute nicht mehr sagen würde. Darum bedankte ich mich herzlich und verabschiedete mich.

Ich hätte Herrn Goldstern zwar gerne noch gefragt, wie viel Mark ich genau in Form von Tagesgeld einsetzen sollte und wie viel ich jetzt zum Nachkaufen nehmen sollte. Aber ich wusste bereits aus Erfahrung mit ihm, dass er mir nie genaue Tipps geben würde. Er erklärte mir immer nur die Prinzipien. Wie ich diese Prinzipien dann tatsächlich umsetzte, das war meine Sache. Er wollte damit erreichen, dass ich mich nicht auf ihn verlasse, sondern selber Verantwortung für meine Finanzen übernehme.

Also rechnete ich: Ich hatte 2.260 Mark. Morgen war Zahltag. Ich rechnete aus, was ich bekommen würde:

Ich hatte mein Geschäft inzwischen erheblich vergrößert. Nach und nach hatten mir immer mehr Menschen ihre Hunde anvertraut. Ganze 16 Hunde waren es nun. Natürlich konnte ich das nicht alleine schaffen. Darum hatte ich mehrere Freunde und Schulkameraden angestellt, die mir halfen. Marcel hatte mir geraten, sie mit 50 Pfennig zu bezahlen. Das erschien mir zuerst sehr wenig. Aber schließlich hatte ich die Idee zu der Firma gehabt und ich hatte für die Kunden gesorgt. Das Wichtigste aber war: Meine Helfer waren mit 50 Pfennig vollauf zufrieden. Die Rechnung für den morgigen Zahltag sah also wie folgt aus: 16 Hunde mal 2 Mark pro Tag mal 30 Tage – das waren 960 Mark. 50 Pfennig gab ich meinen Helfern von den zwei Mark ab. Das waren 240 Mark. Ich hatte also noch 720 Mark übrig. Außerdem hatten neun der Hundebesitzer mit mir ausgemacht, dass ich ihre Hunde dressieren sollte. Jeder von ihnen hatte im vergangenen Monat zwei Tricks gelernt. Das waren noch einmal 360 Mark.

Ich rechnete alles zusammen. Ich würde morgen also 1.080 Mark einnehmen und hätte dann zusammen 3.340 Mark. Ich beschloss den Geldmagiern vorzuschlagen, dass jeder nur 2.500 Mark für den Nachkauf einsetzen sollte. Meine restlichen 840 Mark wollte ich morgen als Tagesgeld anlegen. Ich freute mich schon darauf Frau Heinen wiederzusehen. Wie wichtig es doch war, dass ich gelernt hatte, mein Konto bei einer Person zu eröffnen, die ich auf Anhieb mochte.

Zufrieden legte ich mich in mein Bett. Ich war mir sicher, dass ich eine gute Lösung gefunden hatte. Überhaupt stellte ich fest, dass ich wieder einen sehr aufregenden Tag erlebt hatte. Eigentlich waren alle meine Tage ein einziges Abenteuer. Nie war mir langweilig. Und das alles hatte damit begonnen, dass Money mir den Umgang mit Geld beigebracht hatte.

Der weiße Labrador lag wie immer neben meinem Bett. Ich streichelte ihn nachdenklich. So vieles hatte sich verändert. Ich war irgendwie gar nicht mehr die Kira, die ich noch vor einem Jahr war. Ich hatte so viele neue Interessen und so viele neue Freunde: Herr Goldstern, Marcel, die Hanenkamps und Frau Trumpf.

Vor lauter Dankbarkeit lehnte ich mich aus meinem Bett herab und gab Money einen dicken Kuss auf den Kopf. Blitzschnell leckte er mir durchs Gesicht. »Der Schlingel«, dachte ich und schlief glücklich ein.

Das Ende des grossen Abenteuers

Seitdem sind einige Monate vergangen. Ich hatte begonnen meine Erlebnisse aufzuschreiben. Ich wusste gar nicht so richtig warum. Vielleicht wollte ich nur sicher sein, dass ich nichts vergessen würde. Also schrieb ich jeden Tag zwei Seiten. Es war gar nicht schwer, denn ich hatte ja die Aufzeichnungen in meinem Erfolgs-Journal. Und es machte mir einen Riesenspaß.

Die Tage vergingen wie im Flug und ich erlebte ständig neue Abenteuer.

Meinen Eltern ging es inzwischen richtig gut. Herr Goldstern hatte meinen Vater überzeugen können zwei Mitarbeiter einzustellen. Das fiel ihm zunächst sehr schwer, denn er glaubte, sich das nicht leisten zu können. Aber zum Glück hatte er inzwischen so viel Vertrauen in Herrn Goldstern, dass er seinen Ratschlag befolgte. Dadurch änderte sich alles. Jetzt konnte er sich auf die Dinge konzentrieren, die er mochte. Und auf diesen Gebieten war er auch richtig gut. Wenn ihm vorher Zweifel gekommen waren, ob er als Selbstständiger überhaupt tauglich war, so wusste er jetzt, dass er nur lernen musste gewisse Dinge, die er nicht mochte und daher nicht gut machte, anderen aufzugeben. Vor allem hatte mein Vater jetzt fast ständig gute Laune. Es war einfach unglaublich zu erleben, wie sehr es einen Menschen verändert, wenn die lästigen Geldsorgen verschwunden sind. Jetzt freute er sich jeden Morgen auf die Arbeit – er pfiff sogar Liedchen. Das hätte er aber besser nicht getan, denn niemand konnte so schrecklich falsch pfeifen. Und seitdem er sich ein neues Auto gekauft hatte, stand er sogar eine Stunde früher auf als sonst.

Auch meine eigenen Geschäfte wuchsen. Ich hatte inzwischen einundzwanzig Hunde von verschiedenen Menschen in unserer Nähe, die ausgeführt, gebürstet und trainiert werden mussten. Natürlich konnte ich das längst nicht mehr alles alleine schaffen, aber ich hatte von Marcel gelernt, wie man am besten andere Kinder einspannt. Monika verdiente inzwischen dadurch ganz gutes Geld. Allerdings hatte ich bald keinen Plan mehr, wo ich wann Geld zu bekommen hatte.

Da lernte ich, wie gut es ist, »Probleme« zu haben. Denn dadurch musste ich mich nach neuen Möglichkeiten umschauen und konnte viel lernen. Ich entdeckte, was man alles am Computer machen konnte. Ich hatte mir ja schon längst meinen Laptop gekauft. Meine Hausaufgaben konnte ich nun viel schneller erledigen und sie sahen besser aus. Meine Noten waren deutlich besser geworden.

Nun lernte ich Statistiken zu führen. Dabei half mir Frau Hanenkamp ganz entschieden. Computer und Buchhaltung waren ihr Hobby. Es war einfach toll, was ich alles von ihr lernte.

Natürlich verdiente ich dadurch immer mehr Geld. Das teilte ich eisern auf wie bisher: fünfzig Prozent für die Gans, vierzig Prozent für Ziele, für die ich Geld brauchte und zehn Prozent zum Ausgeben. Die meisten Dinge, die ich am Anfang mit Money auf meine Liste geschrieben hatte, gehörten mir längst. Nur nach Amerika war ich noch nicht gefahren, denn ich spürte, dass ich dort etwas ganz Außergewöhnliches erleben würde. Etwas, das mein Leben noch einmal völlig verändern würde.

Unser Investmentclub war ein voller Erfolg. Die Kurse unseres ersten Fonds waren zwar während des siebten Monats gefallen, aber wir hatten ja nicht verkauft und somit keine Verluste gemacht. Inzwischen waren die Kurse geklettert und wir hätten gute Gewinne gemacht, wenn wir verkauft hätten. Aber dazu bestand kein Grund. Wir wollten ja, dass unsere Gans wächst und wächst.

Marcel hatte einmal verkaufen wollen. Die Gewinne mitnehmen, nannte er das. Aber Frau Trumpf fragte ihn, was er denn dann mit dem Geld machen wollte, damit es weiterwachse. Wir kamen zu dem Ergebnis, dass wir dann am liebsten wieder die gleichen Anlagen wählen würden. Da sah Marcel schnell ein, dass es wirklich keinen Sinn machen würde zu verkaufen.

Insgesamt hatten wir nun vier verschiedene Fonds. Jedes Mal wenn wir Geldmagier uns trafen, hatten wir einen riesigen Spaß. Bei jedem Treffen lernten wir ungeheuer viel von Frau Trumpf. Selbst Monika kannte sich inzwischen richtig gut aus. Da war es nicht verwunderlich, dass wir auch unseren Eltern gute Tipps geben konnten. Und die folgten unserem Investmentplan. Zuerst nur heimlich, aber bald versuchten sie gar nicht mehr es zu verstecken.

Herr Goldstern war inzwischen wieder richtig gesund. Er war wieder voll in seinen Geschäften. Money blieb bei mir. Natürlich besuchte ich Herrn Goldstern nach wie vor jeden Samstag zusammen mit dem weißen Labrador. Wir gingen zusammen spazieren und hinterher gab es immer unglaublich leckeren Kuchen mit Kakao. Dabei konnten wir uns ausgezeichnet unterhalten. Er war wirklich ein Finanzgenie. Jedes Mal lernte ich etwas Neues. Vor allem aber war Geld für ihn etwas ganz Normales und Natürliches. Dadurch bekam auch ich so nach und nach eine ganz andere Einstellung zu Geld.

Einmal im Monat hielt Herr Goldstern Vorträge für seine Kunden über Finanzanlagen. Auch meine Eltern gingen regelmäßig dahin.

An einem Samstag hatte er eine Idee. Er fragte mich, ob ich zur gleichen Zeit für die Kinder seiner Kunden einen Vortrag über Geld halten würde. Ich war einverstanden. Beim ersten Mal kamen nur sieben Kinder. Aber inzwischen hat es sich herumgesprochen und ich rede regelmäßig vor zwanzig bis dreißig Kindern. Pro Rede verdiene ich fünfundsiebzig Mark.

Vor einigen Tagen hat Herr Goldstern eine neue Idee entwickelt. Er schlug vor mit mir zusammen eine Firma zu gründen, die den Kindern helfen würde zu investieren. Darauf war er gekommen, als ich ihm den Ordner gezeigt hatte, den wir von Frau Trumpf erhalten hatten. Ich fand die Idee genial. Das muss man sich einmal vorstellen: ich, Kira, eine gemeinsame Firma mit Herrn Goldstern, dem Finanzgenie.

Ich fragte ihn, warum er gerade eine Firma mit mir machen wollte. Seine Antwort war wie geschaffen für mein Erfolgs-Journal: »Weil du dich durch dein Wissen und deine Ergebnisse dafür qualifiziert hast. Wenn ich nicht glauben würde, dass diese Firma mit dir erheblich besser wachsen würde, als wenn ich sie alleine machen würde, dann hätte ich es dir nicht vorgeschlagen. Du wirst viel mehr Kinder als Kunden anziehen, als ich alleine es könnte.«

Ich musste ihm Recht geben und das konnte ich nur, weil mein Selbstbewusstsein stark gewachsen war.

Trotzdem war ich unglaublich aufgeregt. Ich war mir sicher, dass ich bald ganz neue Abenteuer erleben würde.

All das schrieb ich auf. Dann lehnte ich mich einen Moment zurück und überflog mein Geschriebenes auf dem Laptop. Ich fand, dass ich gut schreiben konnte.

Dann fiel mein Blick auf Money. Nachdenklich betrachtete ich den schönen Hund. Wir hatten uns lange nicht mehr unterhalten. Und ich wollte ihn schon lange fragen, warum das so war. Aber ich hatte Angst. Wovor genau, konnte ich gar nicht sagen. Ich ahnte irgendwie, dass sich etwas Endgültiges ereignen würde.

Jetzt machte ich mir das alles bewusst. Ich hatte gelernt mich nicht vor Dingen zu drücken, die mir Angst machten. Kurz entschlossen nahm ich darum Money an die Leine und ging mit ihm in den Wald. Aber das unbestimmte Gefühl blieb und Freude wollte bei mir nicht aufkommen. Ich hatte einen Kloß im Hals. Auch gingen wir etwas langsamer als sonst.

Endlich kamen wir bei unserem Versteck an. Wir waren lange nicht mehr hier gewesen und der Gang, durch den wir immer krochen, war fast zugewachsen. So dauerte es eine ganze Weile, bis wir zu dem Innenraum gelangten. Auch hier war es nicht mehr so gemütlich wie vorher. Alles schien sich verändert zu haben.

Ich war traurig und sah Money lange an. Ich wünschte mir, dass er sprechen würde. Er hatte so lange nichts mehr gesagt, dass ich manchmal daran dachte, mir vieles vielleicht nur eingebildet zu haben. Aber das konnte doch nicht sein.

Verzweifelt bat ich Money mir zu bestätigen, dass er wirklich sprechen konnte.

Der Ausdruck im Gesicht des Labradors veränderte sich. Ich glaubte mich in die Zeit versetzt, als Money das erste Mal zu mir sprach.

»Kira, es ist doch gar nicht so entscheidend, ob ich reden konnte.« Ich jubelte innerlich. Was ich da wahrnahm, war eindeutig Moneys Stimme.

Money fuhr unbeirrt fort. »Viel wichtiger ist doch, ob du mich hören und verstehen konntest. Es ist wie mit dem Buch, das du im Moment schreibst. Einige, die es lesen, werden deine Botschaft nicht hören und nichts verändern. Andere werden beginnen klug mit ihrem Geld umzugehen. Sie werden ein glücklicheres und reicheres Leben haben.«

Jetzt, wo Money aufgehört hatte zu sprechen, war ich mir wieder nicht sicher, ob ich geträumt hatte oder ob Money wirklich zu mir gesprochen hatte. Es war zum Verrücktwerden.

Aber auf einmal war alles anderes. Plötzlich wusste ich, dass ich nicht geträumt hatte. Ich kann es nicht begründen, aber ich brauchte es auch nicht. Gleichzeitig wurde mir eiskalt, denn ich hatte auf einmal die Gewissheit, dass Money nun das letzte Mal zu mir gesprochen hatte. Ich konnte vor Traurigkeit kaum atmen. Ich streckte mich zu dem Hund hin und umarmte ihn lange. Ich drückte ihn so fest an mich, wie ich konnte. Als ob er dadurch weiter zu mir sprechen würde.

Dann dachte ich an den Satz von Herrn Goldstern: Trauere nicht über das, was du nicht mehr hast, sondern sei dankbar für die Zeit, in der du es hattest.

Für mich hieß das: Ich musste von jetzt an ohne die Ratschläge von Money auskommen. Aber auf der anderen Seite hatte dies auch etwas Gutes. Wenn er nicht mehr sprechen konnte, dann gab es auch keine Gefahr mehr für ihn. Niemand würde ihn untersuchen wollen. Jeder würde meine Geschichte als Fantasie eines jungen Mädchens abtun. Ich begann leise zu weinen. Money drehte seinen Kopf und leckte mir durchs Gesicht. Diesmal ließ ich ihn gewähren. Ich weinte eine ganze Zeit lang und es tat mir gut.

Nach einer ganzen Weile konnte ich wieder klar denken. Ich dachte voller Dankbarkeit an alles, was ich von Money gelernt hatte. Alle seine Lehren lebten nun in mir. Ich hatte keine Zweifel mehr daran, dass ich einmal sehr reich werden würde. Wahrscheinlich schon sehr viel schneller, als man vermuten könnte. Und ich wusste, dass ich bei all dem Geld glücklich bleiben würde. Und ich konnte jetzt meine Geschichte erzählen. Ich konnte es so tun, dass niemand so richtig wusste, ob ich mir die Stimme von Money eingebildet hatte oder ob er wirklich zu mir gesprochen hatte. Jetzt überkam mich ein tiefes Gefühl der Dankbarkeit. Ich war still vor Glück und blieb noch eine Ewigkeit mit Money in unserem Versteck – es war das letzte Mal. Dann wusste ich plötzlich, wie ich mein Buch beenden konnte. Wir gingen nach Hause und ich schrieb:

»Ich wünsche mir, dass viele Menschen dieses Buch sprechen hören. Ein gewisser Hund namens Money und ich würden sehr glücklich darüber sein.«

Kira

Auf die eigenen Füsse fallen

Ein Nachwort für Erwachsene

von Professor Dr. Jürgen Zimmer,
einem der führenden Kinderpsychologen im deutschsprachigen Raum

Wenn Mauern fallen, wird Sicht frei

»Money« ist eine überfällige Pioniertat. Das Buch kommt nicht mit erhobenem Zeigefinger daher, sondern gibt Kindern die Chance, an einem Privileg der Erwachsenen – dem Geldverdienen – wenigstens ein bisschen teilzunehmen. 200 Jahre lang – seit Friedrich Fröbel den Kindergarten erfand – hätten dessen Nachfolger, so ein Kommentar in der Zeitschrift »klein & groß«, Kinder aus Sorge vor Kinderarbeit und -ausbeutung zum zahmen Spielen verdonnert. Nun sei es an der Zeit, sich um die Rekonstruktion eines kindgemäßen Arbeitsbegriffs zu bemühen und Kindern die Chance zu geben, an Tätigkeitsfeldern der Erwachsenen mehr als bisher teilzunehmen.

»Money« trägt vorurteilsbeladene Mauern ab. Dadurch wird Sicht frei:

Unternehmerisches Handeln, Entrepreneurship, ist nicht Kinderarbeit, sondern ein Spiel, das Leidenschaft erzeugen kann, das nicht monoton ist, sondern für überraschende Momente sorgt und Erfindungsgeist freisetzt.

Lernen im Markt heißt: Lernen in Unsicherheiten. Jede kleine unternehmerische Entscheidung enthält ein kleines Risiko. Ist sie falsch, werden ökonomische Sanktionen früher oder später wirksam. Richtige Entscheidungen führen letztendlich zu höheren Erträgen. Das Spiel »Unternehmen« und »Geld verdienen« hat Ernstcharakter. Markt ist wie eine entschulte Schule, die mal als Hindernisbahn, als verzweigtes Labyrinth, als Ort blitzschneller Entscheidung, als Werkstatt für Tüftler, als Ashram zur Stärkung der Sinnierkraft, als Büro für ungewöhnliche Maßnahmen oder als Ideenbörse in Erscheinung tritt. Markt als Schule ist ein Traum, der nur im Leben vorkommt.

Markt ist ein Prinzip – wie Demokratie auch. Es kann missbraucht werden. Markt bedeutet nicht regelloses Hauen und Stechen, sondern Transparenz, Wettbewerb, Verantwortung für Menschen und Natur, Fair Play, Schutz gegen Abstürze.

Unternehmerisches Handeln bedeutet Selbstbestimmung, Unabhängigkeit, Eigeninitiative. Also Eigensinn? Durchaus. Aber nicht ohne Gemeinsinn. Das Ziel einer Erziehung zur Solidarität verweist darauf, dass wir nicht allein auf dieser Welt sind, sondern gemeinsam mit anderen leben, dass wir Schwächere schützen, Andersartige nicht diskriminieren, nicht nach unten treten, nicht nach Macht über andere trachten. Und es geht nicht nur um Menschen, sondern auch um die Natur, ihre Lebewesen, ihre Ressourcen, die auf diesem der Plünderung ausgesetzten Planeten nach äußerster Schonung verlangen. Ethic pays: Unternehmer, die sozial und ökologisch verantwortlich handeln – dies können wir auch schon Kindern vermitteln –, sind nicht weg vom Markt, sondern vorne dran.

Geld verdienen ist nichts Böses. Man kann sich und anderen Gutes damit tun. Wer früh anfängt, entwickelt

Widerstandskraft gegenüber Versorgungs- und Subventionsmentalitäten, lässt sich ungern von anderen aushalten. Wer Geld verdient, muss deshalb nicht zum Sklaven einer sich immer rascher drehenden Konsumspirale werden. Unternehmerisches Handeln birgt die Chance des aufgeklärten und sparsamen Umgangs mit knappen Ressourcen. Intelligente Bescheidenheit – und eine Erziehung dazu – bedeutet, sich lieber einmal ein erstklassiges Produkt zu kaufen als nacheinander viele zweitklassige, bedeutet, davon entlastet zu sein, in kürzer werdenden Abständen nach Neuem zu gieren, nur weil die Produktfassade out und eine neue in sein soll. Lebensqualität kommt nicht durch die Anhäufung von immer mehr High-Tech-Produkten zustande, sondern beispielsweise dadurch, daß Menschen sich Zeit leisten, Nachbarschaften wiederentdecken, Gefühle ausdrücken oder künstlerisch und unternehmerisch tätig werden.

Früh übt sich...

Es stellt sich dann die Frage, ob jenes mitteleuropäische Konstrukt von Kindheit das Qualifikations- und unternehmerische Potenzial von Kindern nicht deutlich unterschätzt.

Früh übt sich, wer ein Meister werden will: Bei der Analyse von Unternehmerbiografien fällt auf, dass die überwiegende Zahl von Menschen, die den Sprung ins unternehmerische Handeln riskieren, in ihrer Kindheit bereits von bestimmten Ideen besessen waren, einen »Fimmel« sowie Sinnierkraft entwickelten. Die meisten haben im Mikrokosmos praktische unternehmerische Erfahrungen machen können, Ökonomie im Kleinen betrieben. Anita Roddick, die Gründerin der weltweit vertretenen Body Shops, hat als Kind mit Comics gehandelt. Gottlieb Duttweiler, der in der Schweiz mit der Migros-Kette 40.000 Arbeitsplätze geschaffen hat, züchtete weiße Mäuse, Meerschweinchen und Kaninchen und handelte mit ihnen. Sinnieren könne, so der Psychotherapeut und Unternehmer Peter Goebel, als Rausch, Arbeit als lustvoll erlebt werden. Querdenker sind gefragt, Kinder und Jugendliche, deren Drang nach Gestaltung und Unabhängigkeit nicht neutralisiert wird.

Deutlich wird bei einer Analyse von Unternehmerbiografien auch, dass viele von ihnen als Kinder und Schüler Mühe hatten, mit der Reglementierung ihres Sinnierwillens, mit veranlassten Unterbrechungen der Ideenentwicklung zurechtzukommen. Pädagogen als frühzeitige Verhinderer von Entrepreneurship? Es wäre schon einiges gewonnen, wenn das zu vermutende Ausmaß solcher Verhinderungen verringert werden könnte.

Unternehmergeist

Eine neue Variante der Bildungskatastrophe gewinnt Kontur: Sie besteht darin, dass das Bildungswesen auf das Problem der Massenarbeitslosigkeit keine angemessene und zureichende Antwort entwickelt. Bildung wird in Zukunft zunehmend nur dann noch Aufstieg – genauer: Existenzsicherung – bedeuten, wenn Menschen lernen unternehmerische Visionen zu entwickeln.

Dies würde unter anderem bedeuten, daß professionelle Pädagogen dies ebenfalls lernen und modellhaft unter Beweis stellen. Hier reicht es nicht, sich auf die Förderung von Arbeitnehmerqualifikationen zu beschränken und an der Fiktion von Vollbeschäftigung festzuhalten. Notwendig ist vielmehr eine Erziehung zum Unternehmergeist, die früh einsetzt und Entrepreneurship weniger als bisher als biografische Absonderlichkeit, vielmehr als Grundqualifikation von Bürgerinnen und Bürgern versteht.

Entrepreneurship? Ein im anglo-amerikanischen Sprachraum gebräuchlicher, nicht recht übersetzbarer Begriff. Er meint die Entwicklung einer innovativen, unternehmerischen Idee und ihre Umsetzung im Markt.

Fordern statt abspeisen

Die Kinder und Enkel der Nachkriegsgenerationen im Westen sind der wirtschaftlich privilegierten Umstände wegen über die Maßen verwöhnt. Rasch wechselnde Wünsche von Kindern werden mit rascher – als kurzfristige Beruhigungspille wirkender – Bedürfnisbefriedigung beantwortet. Kinder verlernen dabei das, was in der Entwicklungspsychologie als die Fähigkeit bezeichnet wird, sich etwas zu erarbeiten, die Mühen der Ebene auf sich zu nehmen. Verwöhnte Kinder sind für schwierige Zeiten schlecht gerüstet.

Der mitteleuropäischen Inszenierung von Kindheit liegen gute Absichten zugrunde: die Abschaffung ausbeuterischer Kinderarbeit, die Wahrung der Rechte von Kindern. Die Kehrseite liegt in der zunehmenden Ausgrenzung und zeitlichen Verlängerung, in der Tendenz zur Überbehütung und Verkindlichung von Kindheit. Für ein unseren widersprüchlichen Zeiten angemessenes Bild von Kindern wäre es wichtig, sie nicht weiter zu domestizieren und beschäftigungspädagogisch mit Beruhigungspillen abzuspeisen.

Kinder verfügen über die Möglichkeiten, ihre Entwicklung selbst zu steuern. Erwachsene veranstalten dann nicht die kindliche Entwicklung, sondern verstehen, begleiten, moderieren sie. Sie setzen auf die Selbsttätigkeit und Unternehmungslust des Kindes.

Kinder behutsam und beharrlich herauszufordern und sie so zu stärken heißt: ihnen die Lösungen offener Probleme nicht einfach in den Schoß zu legen, Kindern die Chance zu geben, sich Wege selbst zu suchen und diesen Prozess des forschenden, entdeckenden, experimentierenden Lernens durch die Erweiterung des Blickwinkels und durch vertiefende Recherchen zu fördern.

Prof. Dr. Jürgen Zimmer

ANHANG

Aktie Eine Aktie ist eine Beteiligung an einer Firma: man kauft einen oder mehrere Teile dieser Firma und jeder Teil heißt Aktie. Wenn die Firma Gewinn macht (Geld verdient), bekommst du einen Prozentsatz, der von der Größe deines Anteils abhängt: je kleiner dein Anteil an der Firma, desto kleiner dein Gewinn – je größer deine Aktienanteile, desto größer dein Gewinn. Wenn die Firma Verluste macht, so haben deine Aktien weniger Wert. In diesem Moment darfst du sie nicht verkaufen, sondern solltest warten, bis die Firma wieder verdient. Am besten, du liest die genauen Erklärungen von Frau Trumpf über Aktien im Kapitel »Der Club investiert«.

Anlegen Geld anlegen bedeutet zum einen, Geld sich durch Zinsen vermehren lassen: Man kann Geld in Aktien oder in einer Bank anlegen. Zum anderen kann man Geld auch anlegen, indem man etwas Beliebiges kauft, von dem man weiß, dass es später für viel Geld verkauft werden kann: ein Kunstwerk, ein Haus, Antiquitäten etc…

Börse Regelmäßige Zusammenkunft von Kaufleuten zum Abschluss von Handelsgeschäften auf einer Art Marktplatz. Die Börse führt Angebot und Nachfrage marktmäßig zusammen und gleicht sie aus durch amtliche Festsetzung von Preisen. Oberste Instanz ist in der Bundesrepublik der Bundeswirtschaftsminister, zur Begutachtung steht ihm ein Börsenausschuss zur Seite. Mehr dazu im Kapitel »Der Club investiert«.

Fonds (aus d. Franz.) Für bestimmte Zwecke gehaltene Geldmittel (Sondervermögen). Mehr dazu im Kapitel »Der Club investiert«.

Hypotheken Schnell erklärt ist eine Hypothek, die Belastung eines Grundstücks, eine Form des Pfandrechts: wenn der Besitzer eines Hauses Schulden hat, so kann er durch Hypotheken auf das Haus seine Schulden rechtlich und finanziell absichern, dadurch »belastet« er aber seinen Grundbesitz: der Besitz des Hauses ist eingeschränkt, da im Falle eines Verkaufs der Erlös des Hypothekenbriefs vom Schuldner abgegeben werden muss.

Inflation Geldentwertung. Für 5 Mark kann man sich heute mehr kaufen als in zehn Jahren. Geld wird mit der Zeit immer weniger wert.

Prozent Um Prozente einer Summe auf dem Taschenrechner auszurechnen: Grundsumme eintippen, dann mit dem Pro-

zentsatz multiplizieren: Zum Beispiel: 3.000 x 3, dann auf Prozent (%) tippen, nicht auf ist gleich (=). Es muss in diesem Fall 90 ergeben. Du kannst Prozente auch ausrechnen, indem du deine Summe erst durch hundert teilst (ein Prozent ist ein Hundertstel) und sie dann mit dem gegebenen Prozentsatz multiplizierst:
3.000 : 100 = 30 (= ein Prozent)
30 x 3 (drei Prozent) = 90.

Zinsen Wenn du einer Bank Kapital leihst (das bedeutet: Geld auf ein Konto einzahlst), dann zahlt dir die Bank einen gewissen Preis dafür. Wenn du der Bank 3.000 Mark leihst, gibt sie dir einen geregelten Zinssatz von zum Beispiel drei Prozent (3%). Dann bekommst du jedes Jahr 3% von 3.000 Mark (das ergibt 90 Mark).

Zinseszins Du kannst mit der Bank ausmachen, dass zum Jahresende deine Zinsen immer zu deinem Kapital gezählt werden: Wenn wir das obere Beispiel nehmen, dann hast du im nächsten Jahr insgesamt schon 3.090 Mark (von denen erneut Zinsen berechnet werden: jedesmal natürlich mehr: 3% von 3.090 Mark ergeben 92,70 Mark). So geht das immer weiter (3.090 Mark + 92,70 Mark =) 3.182,70 Mark: die Zinsen von dieser Summe werden 95,45 Mark betragen etc...